W0072076

DON BOSCO
VERLAG

*In Liebe für meine wunderbaren Töchter Janna und Mascha.
Sie sind meine besten Zuhörer und die kritischsten Kritiker.*

*Danken möchte ich allen Menschen, die mir bei diesem Buch
mit Rat und Tat geholfen haben. Ganz besonders bedanke ich
mich bei der Kindergartenleiterin Maria Braun, die mich bei
dem pädagogischen Part unterstützt hat.*

Don Bosco

Gabriele Hermanns

33 Geschichten zum Entspannen für Kinder von 3 bis 6

Mit Elementen des Autogenen Trainings

Bibliografische Information Der Deutschen Bibliothek

Die Deutsche Bibliothek verzeichnet diese Publikation in der
Deutschen Nationalbibliografie; detaillierte bibliografische
Daten sind im Internet über http://dnb.ddb.de abrufbar.

1. Auflage 2003 / ISBN 3-7698-1417-7
© 2003 Don Bosco Verlag, München
Umschlag: Alexandra Paulus, Ensdorf
Foto Umschlag: Manfred Lehner
Illustrationen: Ines Rarisch
Produktion: Don Bosco Grafischer Betrieb Ensdorf

Gedruckt auf umweltfreundlichem Papier

Inhalt

Vorwort

Unsere hektische Zeit macht sich überall bemerkbar, so auch in pädagogischen Einrichtungen wirken Kinder oft überdreht, unkonzentriert, aggressiv, überfordert.

Die Diagnosen „Hyperaktivität" und „ADS-Syndrom" werden immer häufiger als Ursache hierfür genannt. In Einzelfällen ist sie sicherlich gerechtfertigt. Viele Kinder reagieren jedoch empfindlich, weil sie keine Ruheinseln in ihrem Alltag finden. Sie zeigen körperliche und seelische Stress-Symptome.

Die in diesem Buch enthaltenen Entspannungsgeschichten bieten durch die Elemente des Autogenen Trainings die Möglichkeit, derartige Stress-Symptome aufzulösen. Sie sind vielseitig und beziehen verschiedene Highlights des Jahres ein. Dadurch lassen sie sich gut in den Alltag pädagogischer Einrichtungen integrieren.

Allen Geschichten ist gemeinsam, dass sie beruhigend und entspannend wirken. Die Kinder können Ruhe, Wärme und Schwere fühlen und auf sich selbst übertragen. Sie identifizieren sich mit den Personen der einzelnen Geschichten und empfinden deren Gefühle nach. Ruhe und Entspannung stellen sich auf diese Weise ein.

Zusätzlich werden durch die Formeln des Autogenen Trainings Sinneswahrnehmungen und Fantasie geschult.

Wann sollten die Geschichten vorgelesen werden?

- Kinder, die mit dem Freispiel überfordert sind, können aus der Gruppe herausgenommen und durch die Geschichten zur Ruhe gebracht werden.

- Die Geschichten lassen sich im Rahmen von Projekten oder aktuellen Themen ideal einsetzen.
- Für Kinder, die während der Mittagsbetreuung schlafen, können die Geschichten als Einschlafhilfe vorgelesen werden.

Was sollte beim Vorlesen der Geschichten berücksichtigt werden?

Raumgestaltung

Es bietet sich an, die Geschichten in einer gemütlich gestalteten Kuschelecke oder in einem Snoozle-Raum vorzulesen. Die Räumlichkeit sollte zu den Geschichten passend hergerichtet werden. Weiche Unterlagen, Decken, Kissen und dezentes Licht sollten zur Verfügung stehen.

Zeitpunkt

Nehmen Sie sich Zeit. Es ist wichtig, dass die Geschichten in Ruhe vorgelesen werden. Zeitdruck kann sich auf das Kind übertragen. Schalten Sie äußerliche Störfaktoren ab. Der Raum sollte während der Vorlesephase nicht von anderen Personen benutzt werden. Wählen Sie eine ruhige Zeitphase aus, die außerhalb der Bring- und Abholzeiten liegt.

Sprache und Tonlage

Um die entspannende Wirkung zu unterstreichen, sollten Sie eher leise sprechen. Bringen Sie nicht zu viel Betonung ein, damit das Kind besser zur Ruhe kommen kann. Die formelhaften Elemente des Autogenen Trainings (Wärme, Schwere etc.) können lang und intensiv betont sein.

Körperkontakt

Viele Kinder empfinden es als angenehm, berührt zu werden. Probieren Sie aus, ob z. B. Händchenhalten erwünscht ist.

Sprachtempo

Lesen Sie nicht zu schnell vor. Es ist wichtig, dass das Kind Zeit hat, sich Bilder vorzustellen. Kurze Lesepausen unterstreichen die Wirkung des Gesagten.

Eigene Kreationen

Sie können die Märchen auf aktuelle Bedürfnisse oder Aktivitäten der Gruppe abstimmen. Namen lassen sich z. B. gut ersetzen. Je nach Bedarf können Sie die Geschichten kürzen oder erweitern.

Haben Sie Geduld

Manche Kinder müssen sich erst an den für sie ganz neuen Stil gewöhnen. Geben Sie nicht auf, gehen Sie auf Fragen ein und erklären Sie dem Kind, dass die Formulierungen ihren Sinn haben. In den Geschichten wird immer das Nachfühlen angesprochen (Fühl mal, wie warm es ist!). Damit tun sich manche Kinder am Anfang schwer. Sie können aber erklären, dass die Kinder genau das fühlen sollen, was der Held der Geschichte auch fühlt.

Die Auswahl einer passenden Geschichte wird durch die jeweils vorgenannten Hinweise erleichtert.

    kurze Inhaltsangabe

    Raumgestaltung, benötigte Requisiten

Themen

 Aktivitäten, Spiele, Lerneffekte

Was ist Autogenes Training?

Das Autogene Training ist ein anerkanntes therapeutisches Verfahren, das auf Selbstentspannung beruht. Es kann grundsätzlich von jedem Menschen erlernt werden. Als wirksames Mittel gegen Stress und dessen gesundheitliche Folgen wird das Autogene Training heute vielfach bei Menschen aller Altersstufen eingesetzt. Professor J. H. Schultz entwickelte das Autogene Training aus seiner medizinischen Erfahrung mit der Hypnose und fernöstlichen Meditationsmethoden. Mit Hilfe von kurzen Formeln werden im Körper intensive Gefühle, wie z. B. Wärme, Schwere und Ruhe, erzielt. Es kommt durch diese Formeln zu körperlichen Reaktionen, z. B. zu einer verstärkten Durchblutung und zur Entkrampfung der Muskulatur. Das Autogene Training wird heute bei vielen Erkrankungen begleitend eingesetzt: bei Schlafstörungen, Unruhezuständen, Rückenbeschwerden. Da Kinder sehr offen für neue Dinge sind und gerne experimentieren, fällt es ihnen besonders leicht, das Autogene Training zu erlernen. Gerade bei jüngeren Kindern bieten Märchen mit integrierten Formeln des Autogenen Trainings optimale Möglichkeiten, die Folgen von Stress, Leistungsdruck und Reizüberflutung zu lindern. Die kleinen Zuhörer spüren schnell, welche tiefe Ruhe und Gelassenheit sie durch die Reisen in die Fantasie erlangen. Alltagssorgen und Ängste können viel besser verarbeitet werden.

Das Abenteuer der kleinen Wolke

 Die Geschichte erzählt von einer kleinen Wolke, die bei ihrem ersten Flug an einer Kirchturmuhr hängen bleibt.

 • Es bietet sich an, die Geschichte bei schönem Wetter im Freien vorzulesen
• Eine größere Uhr als Requisit

 • Wie und woraus entstehen Wolken?
• Mit den Kindern über Zeit, Warten und Geduld sprechen

 • Wolkentheater: die Kinder beobachten Wolken und denken sich aus, was die einzelnen Formen darstellen könnten
• Wolken basteln, z. B. aus Watte
• Ein Bild zur Geschichte malen

Es gibt Tage, an denen der Himmel grau und fade ist. Die Menschen reden dann von „schlechtem" Wetter. Kein Sonnenstrahl dringt durch die dichte Wolkendecke und wenn es ganz schlimm kommt, regnet es auch noch heftig.

Andere Tage beginnen mit einem strahlend blauen Himmel, warme Sonnenstrahlen erfreuen Menschen, Tiere und Pflanzen. Es ist schön, wenn die Sonnenstrahlen die Haut wohlig warm streicheln. An einem solchen Tag wird eine kleine, weiße Wolke geboren. Sie ist eine Quellwolke am tiefblauen Himmel. Ganz vorsichtig tastet sie sich am Himmelszelt entlang und sucht andere Wolken, doch es ist weit und breit keine zu sehen. Sie fühlt die Sonnenstrahlen auf ihrem Rücken und freut sich über die angenehme Wärme. *Fühl mal, wie angenehm warm die Sonnenstrahlen sind!* Ein leichter Wind weht sanft an ihrem Gesicht vorbei und die Stimme des Windes spricht leise zu ihr: „Kleine Wolke, sei herzlich gegrüßt. Du bist eine Schönwetterwolke und Du sollst die Menschen und Tiere erfreuen. Mache Dich auf die Reise, erkunde die Welt und suche nach Deiner Familie."

Der Wind haucht die kleine Wolke ganz sanft an und stupst sie in die richtige Richtung. Die kleine Wolke ist etwas unsicher. Wohin soll sie ziehen? So ganz alleine ist es ihr unheimlich. Doch der Wind weht hinter ihr her: „Flieg nur, kleine Wolke, ich bewache Dich!" Das beruhigt sie und so zieht sie langsam los. Sie schwebt leicht wie eine Feder dahin, der Wind trägt sie sanft und sicher – es fühlt sich gut an. *Fühl mal, wie leicht und sanft es sich schwebt!* Neugierig sieht sie sich um: Bäume, Sträucher, bunte Blumen, Tiere und Menschen sind unten auf der Erde zu sehen. Die kleine Wolke ist so damit beschäftigt, alles zu beobachten, dass sie den Kirchturm, der kurz vor ihr aufragt, nicht bemerkt.

In einem schönen Garten spielen Kinder mit einem Hund. Sie werfen Bälle und Stöcke, die der Hund eifrig zurückholt – ein lustiges Spiel. Der Hund bellt so laut, dass die kleine Wolke sich erschreckt.

So etwas hatte sie zuvor noch nie gehört. Sie zuckt zurück und springt dadurch direkt auf den großen Zeiger der Kirchturmuhr, der gerade eine volle Stunde anzeigt.

Sie sitzt fest! Sie ruckt und zuckt, wippt hin und her – doch alles umsonst. Sie sitzt fest! Mit großer Kraft versucht sie sich von dem spitzen Zeiger zu lösen, es hilft aber nicht.

„Lieber Wind, Du musst mir helfen, ich hänge hier fest", ruft sie. Dicke Tränen rollen über ihr Gesicht und tropfen auf die Erde, genau auf die Kinder im Garten. Sie schauen nach oben, weil sie wissen möchten, woher das Wasser kommt. Da sehen sie die kleine Wolke, die am Uhrzeiger hängt. Gerne würden die Kinder helfen, doch so hoch oben können sie nichts machen – sie sind ja noch klein. Die Kinder haben in der Schule gelernt, die Uhr zu lesen. Daher wissen sie, dass der Zeiger bald nach unten wandern wird. Sie rufen ihr zu: „Du musst noch eine Weile durchhalten, dann kannst Du hinunterrutschen."

Die kleine Wolke ist ängstlich, wo ist nur der Wind, der sie beschützen wollte?

Der Zeiger wandert langsam von einer Minute zur nächsten. Die kleine Wolke muss sich sehr anstrengen, es wird ihr warm, ganz warm. *Fühl mal, wie warm es ist!* Dann wird sie immer schwerer, schwer und warm, ganz schwer. *Spüre, wie schwer sie ist!* Die Zeit vergeht: 5 Minuten, 10 Minuten, 15 Minuten. Endlich rutscht der Zeiger tiefer und mit einem dicken Plumps gleitet die kleine Wolke von dem großen Zeiger herab. Sie ist wieder frei, endlich frei und ganz locker. Es ist schön, so frei und locker zu sein. *Fühl mal, wie leicht und frei sie ist!*

Die kleine Wolke verabschiedet sich von den Kindern und setzt ihre Reise fort. Wo ist nur der Wind geblieben? Er hatte versprochen sie zu behüten! Da sieht sie ihn. Er hat in der Zwischenzeit die Familie der kleinen Wolke geholt.

Wie schön, dass sie nun ihr Ziel erreicht hat. Sie kuschelt sich an die anderen Wolken und schläft tief und fest ein, denn sie ist so müde. *Fühl mal, wie müde sie ist, schwer und müde, warm und locker!* Sie träumt von einem Ausflug zum Meer, doch das ist eine andere Geschichte.

Als die Sonne nicht mehr scheinen wollte

Die Geschichte erzählt von der uralten Sonne, die sich eines Tages überflüssig fühlt und gar nicht mehr scheinen will.

Es bietet sich an, die Geschichte bei schönem Wetter im Freien vorzulesen, damit die Kinder die warmen Sonnenstrahlen fühlen können.

- Wann scheint die Sonne?
- Wo ist sie, wenn wir sie nicht sehen?

- Mit den Kindern einen Sonnentanz einüben
- Experiment mit Pflanzen:
  Pflanzen einsäen und ins Licht stellen / Pflanzen einsäen und dunkel stellen
- Die Kinder lernen, wie wichtig das Licht für die Natur ist.

Schon lange, bevor auf der Erde Menschen lebten, gab es hoch oben am Himmel unsere liebe Sonne. Nur durch die Wärme der Sonnenstrahlen und durch ihr Licht können Pflanzen, Tiere und Menschen leben. Tagein, tagaus erscheint die Sonne am Himmel. Dabei geht sie immer im Osten auf, ist mittags im Süden zu sehen und geht abends im Westen unter. Im Norden ist sie nie zu sehen. Immer wieder tut sie ihre Arbeit.

Eines Tages will die uralte Sonne einfach nicht aufstehen. Sie fühlt sich alt und nutzlos und möchte nur noch ihre Ruhe haben. Seelenruhig bleibt sie in ihrem Bett liegen und macht sich gar keine Gedanken darüber, was nun auf der Erde passiert. In einem kleinen Dorf sieht der Tag so aus:

Die Vögel, die immer mit ihrem Gesang den Tag begrüßen, warten und warten auf das Licht, doch es kommt nicht. Deshalb schlafen sie einfach weiter. Auch der Hahn von Bauer Heiner kräht nicht, weil er auf den Sonnenaufgang wartet. Bauer Heiner, der immer erst aufsteht, wenn sein Hahn kräht, bleibt auch in seinem Bett liegen. Er versäumt es, die Kühe zu melken, deren Euter inzwischen schon prall mit Milch gefüllt sind. Alle Menschen und Tiere wundern sich darüber, dass es draußen noch stockdunkel ist. Irgendwann wissen sie, dass etwas ganz und gar nicht stimmt. Wo ist die Sonne nur? Warum scheint sie nicht? Draußen ist es eiskalt. Obwohl Sommer ist, müssen die Menschen lange Hosen, dicke Pullover und Winterjacken anziehen. Die eisige Kälte ist unheimlich. *Fühl mal, wie eisig kalt es ist!*

Zur Mittagszeit ist es noch immer stockfinster. In den Häusern brennen Lampen, weil man sonst gar nichts sehen könnte. Die Menschen halten sich drinnen auf, draußen ist es sehr ungemütlich. Auch die Tiere frieren. Sie kuscheln sich eng aneinander, um sich gegenseitig zu wärmen. Die Blumen und Bäume sind traurig, weil ihre Blüten und Blätter erfrieren. Keiner weiß, warum die Sonne nicht scheinen will.

Die kleine Katharina hat eine Idee: „Wir müssen einen Sonnentanz aufführen und singen. Gewiss hört uns die Sonne und sie wird wieder scheinen!" Viele Kinder machen bei dem Sonnentanz mit. Sie fassen sich an den Händen und hüpfen im Kreis. Dabei singen sie ein wunderschönes Sonnenlied. Der Gesang wird immer lauter. *Hör mal, wie laut er ist!* Schließlich ist er so laut, dass sogar die Sonne ihn hören kann. Müde macht sie die Augen auf und sieht, was sie angerichtet hat. Unten auf der Erde ist es dunkel und kalt. Menschen, Tiere und Pflanzen leiden, weil sie kein Licht und keine Wärme haben. Das wollte die Sonne nicht. Der Gesang der Kinder macht sie sehr nachdenklich. Sie weiß, dass sie jetzt sofort wieder ihre Arbeit tun muss. Die liebe Sonne gibt sich einen Ruck und scheint aus Leibeskräften wieder auf die Erde nieder. Sofort erstrahlt die Erde in ihren schönsten Farben. Es ist hell und freundlich. Alle Menschen und Tiere tanzen vor Freude. Sie fühlen die angenehmen Sonnenstrahlen warm auf ihrer Haut. *Fühl mal, wie angenehm warm es ist!* Die Kinder haben lange getanzt und gesungen. Es war sehr anstrengend für sie, sie sind ganz müde geworden. *Fühl mal, wie müde sie sind!* Sie legen sich auf eine bunte Wiese und genießen die warmen Sonnenstrahlen. Die Vögel zwitschern, der Hahn von Bauer Heiner kräht endlich und die Welt ist wieder in Ordnung. Auch die Blüten der Wiesenblumen freuen sich und recken sich der Sonne entgegen. *Riech mal, wie gut sie duften!* Die Kinder lassen völlig los. Sie sind glücklich, weil die Sonne auf ihren Gesang gehört hat. Alles ist gut. Die Sonnenstrahlen sind warm, angenehm warm. *Fühl mal, wie warm sie sind, ganz warm!*

Die Kinder genießen die angenehme Wärme. Sie fühlen, wie schwer ihre Arme und Beine sind. *Fühl mal, wie schwer ihre Arme und Beine vom Tanzen sind!*

Sie schließen ihre müden Augen und schlafen erschöpft ein. Die Sonne ist froh, dass sie wieder zu sich gefunden hat. Sie weiß jetzt, wie sehr sie gebraucht wird.

Frido, das Erdmännchen

 Die Geschichte erzählt von dem Erdmännlein Frido, der einen Regenwurm erfolgt und dabei eine schöne Erdhöhle entdeckt.

 Eine große, mit Mutterboden gefüllte Kiste

 Welche Tiere leben in der Erde?

- Die Kinder füllen Erde und Würmer in einen Glasbehälter und beobachten die Tiere mehrere Tage lang
- Die Kinder dürfen in der bereitgestellten Erdkiste mit den Händen graben, die Erde erfühlen, riechen, begreifen
- Mit den Kindern im Außengelände ein Beet anlegen

Tief unten in der Erde leben die Erdmännlein. Sie sind winzig klein, ganz braun, haben ein lustiges Gesicht mit einer Knubbelnase, große Augen, kurze Arme und Beine, kleine Hände und Füße.

Zu den Erdmännlein gehört auch der kleine Frido. Eigentlich heißt er richtig Fridolin, doch alle nennen ihn nur kurz Frido. Er wohnt mit seiner Familie in einem Erdloch – ganz tief in der Erde. Nur selten buddelt er sich nach oben durch und sieht nach, was wir Menschen so treiben. Nach einer Weile krabbelt er aber gerne wieder zurück in seine Höhle. Dort ist sehr gemütlich, denn seine Mutter hat die Einrichtung selbst besorgt. Steine, Stöcke, Wurzeln, Blätter und Stroh dienen als Möbel. Fridos Vater arbeitet jeden Tag im Bergwerk, Fridos Geschwister besuchen die Schule und Mama hat den ganzen Tag mit der Hausarbeit zu tun. Frido geht noch nicht in die Schule – er darf immerzu spielen. Oft sucht er schöne Zaubersteine, Feuersteine, Glückssteine, Wurzeln und andere Erdschätze. Am liebsten aber verfolgt er Regenwürmer, die durch das Erdreich kriechen und überall Tunnel graben. Das ist sehr aufregend und Frido hat auf diese Weise viele tolle Orte kennen gelernt.

Eines Tages hört Frido ein bekanntes Rumpeln und Pumpeln in der Erde. Er weiß sofort, dass ein großer Regenwurm in der Nähe ist. Frido sucht ihn und nimmt seine Spur auf. Endlich findet er ihn und versucht, ihm zu folgen. Doch der Regenwurm ist besonders flink und Frido muss sich sehr anstrengen. Wohin kriecht er nur? Frido kennt sich schon bald nicht mehr aus, es ist stockfinster. Ihm wird es ganz warm. *Fühl mal, wie warm es ihm wird, ganz warm!*

In schnellem Tempo geht es vorbei an Erdfelsen, Erdwespennestern, kleinen Würmern, Larven und vielen anderen interessanten Dingen. *Stell Dir vor, welche Dinge alle tief unten in der Erde liegen können!* Endlich erreicht Frido eine große Erdhöhle. Die Luft dort ist frisch und gut. Der Regenwurm ist weit weg. Frido ist müde, er atmet tief ein und aus, ein und aus. Sein Atem ist ganz ruhig. *Fühl mal, wie ruhig sein Atem fließt!* Er sucht sich einen gemütlichen Platz, um auszuruhen. Er legt sich hin und streckt seine müden Beine aus. Das tut gut! Fridos Beine sind ganz schwer, schwer und müde. Auch seine Arme sind schwer, sein ganzer Körper ist schwer und müde. *Fühl mal, wie schwer und müde sein ganzer Körper ist!* Er ist nun warm und schwer und fühlt sich locker und entspannt. Sein Atem fließt gleichmäßig und ruhig. Frido freut sich, dass er dem Regenwurm an diesen schönen Ort gefolgt ist. Er genießt die Zeit und fühlt sich glücklich. Seine Augen werden ganz schwer und müde, er schließt sie und schläft ein. Dann träumt er einen schönen Traum. Wovon? Natürlich von weiteren Abenteuern!

Amanda fliegt davon

 Die Geschichte erzählt von der Kuh Amanda, die mit Hilfe der blauen Blume in ihr Traumland Amerika fliegt.

 • Mit den Kindern über ihre Wünsche und Träume sprechen

 • Kinder fragen, wohin sie gerne einmal reisen möchten
• „Blöde Kuh"

 • Mit den Kindern einen Bauernhof besuchen und über die verschiedenen Tiere sprechen
• Urlaubsbild malen lassen

Hast Du schon einmal eine fliegende Kuh gesehen? Ich meine eine ganz normale Kuh, eine, die gewöhnlich Milch gibt und deren Fell schwarz-weiße Flecken hat. So eine Kuh, die ganz bei Dir in der Nähe auf der Weide steht und den ganzen Tag Gras frisst. Die aber – wenn sie Lust hat – einfach davonfliegt. Kennst Du eine solche Kuh?

Dann möchte ich Dir Amanda vorstellen. Amanda ist eine ganz normale Milchkuh. Sie lebt auf dem Bauernhof von Bauer Heiner. Amanda steht entweder bei den anderen Kühen im Stall oder sie läuft auf einer der saftig grünen Wiesen herum und frisst leckeres Gras. Amanda ist eine sehr nette Kuh, die sich mit allen Tieren des Hofes gut versteht. Die Hühner gackern ihr freundlich zu und der Hofhund Bello bellt sie liebevoll an. Auch die Mäuse im Stall haben Amanda lieb, weil sie immer gute Laune hat. Kannst Du Dir vorstellen, welche Tiere sonst noch auf einem Bauernhof leben?

Minka, die alte Katze, ist eine gute Freundin von Amanda. Sie unterhalten sich oft über ihre Wünsche und Träume. Heute sind sie zusammen auf der großen Wiese direkt vor dem Hof. Minka liegt neben Amanda im Gras. Das Wetter ist besonders schön. Vom strahlend blauen Himmel scheint ihnen die liebe Sonne warm auf den Pelz. *Fühl mal, wie warm es ist!* In der Wiese wachsen bunte Sommerblumen, die verführerisch duften. *Riech mal, wie gut es riecht!*

Amanda kaut gerade ein saftiges Bündel Gras, als ein lautes Geräusch zu hören ist. Über ihnen fliegt ein Flugzeug, das deutlich am Himmel zu sehen ist. *Hör mal, wie laut es dröhnt!*

Amanda sieht dem Flugzeug sehnsüchtig nach. Inzwischen ist es schon weit weg. Wo mag es nur hinfliegen? Amanda fragt Minka, ob sie eine Idee hat. Minka schlägt müde ihre Augenlider auf und zu, sie gähnt und räkelt sich und sagt schließlich: „Weißt Du, da gibt es viele Möglichkeiten. Es könnte nach Spanien oder Italien fliegen. Vielleicht ist es auch auf dem Weg nach Tunesien oder in die Türkei.

Oder es fliegt nach Australien, an das Ende der Welt. Wer weiß das schon? Für uns ist es doch nicht wichtig." Minka legt sich wieder lang hin und schließt ihre müden Augen. Sie hat die ganze Nacht gejagt und ist jetzt hundemüde oder besser gesagt katzenmüde.

Amanda schaut noch auf den Punkt am Himmel, der immer kleiner wird. *Sieh mal, wie klein er ist!* Sie schwärmt: „Vielleicht fliegt es auch ins Land meiner Träume, nach Amerika! Einmal möchte ich in New York sein, das ist die tollste Stadt der Welt. Die Häuser dort sind über 400 Meter hoch. Wenn man oben auf dem Dach steht, sehen die Autos, die unten auf den Straßen fahren, wie Ameisen aus. Ich hab das in einer alten Zeitung gelesen, die Bauer Heiner im Stall vergessen hat. Darin steht, dass die Stadt so verrückt sei, dass sogar die Kühe fliegen können. Könnte ich doch auch fliegen! Es muss herrlich sein, zwischen hellerleuchteten Hochhäusern zu fliegen und sich die Menschen anzusehen."

Minka ist halb eingeschlafen. Sie murmelt: „Ich wüsste da einen Weg. Du musst die blaue Blume finden, dann darfst Du Dir etwas wünschen. Sie wächst irgendwo im Wald."

Amanda hat genug gehört. Sofort macht sie sich auf den Weg, die blaue Blume zu finden. Schwupps, hüpft sie über den Zaun und läuft schnell in den Wald hinein. Die anderen Kühe haben es nicht gemerkt. Wo könnte die blaue Blume wachsen? Amanda schaut sich überall um. Immer weiter und weiter dringt sie in den dichten Wald vor. Da sieht sie einen Waldsee, es ist ein schöner Ort. Amanda ist von der langen Waldwanderung müde geworden. Sie gönnt sich eine kleine Pause und setzt sich am Seeufer hin. Ganz ruhig ist es hier. *Hör mal, wie ruhig es ist!*

Amanda blickt gebannt auf die spiegelglatte Wasseroberfläche. Die Bäume spiegeln sich darin. Amanda genießt es, an diesem herrlichen Ort zu sein. Plötzlich kommt Bewegung in das Wasser und irgendetwas wächst langsam aus der Oberfläche heraus. Amanda ist ganz aufgeregt. Es sieht so aus, als würde eine Blüte aus dem Wasser aufsteigen, eine blaue Blüte. Ja, es ist wirklich eine tiefblaue Blume! Amanda hat die blaue Blume gefunden. Die Blüte breitet sich vollständig aus. Jetzt ist sie ganz geöffnet. *Sieh mal, wie schön sie ist!* Amanda ist begeistert. So etwas Schönes hat sie noch nie zuvor gesehen. Sie erinnert sich daran, dass man sich beim Anblick der blauen Blume etwas wünschen darf. Sie schließt die Augen und wünscht sich ganz fest, in New York durch die Stadt fliegen zu können.

Amanda hat gerade erst ihren Wunsch beendet, da wirbelt sie schon hoch durch die Luft, über Berge und Seen, Flüsse und das große Meer. In rasantem Tempo rauscht sie ihrem Traumland entgegen. Plötzlich sieht sie die riesigen Hochhäuser von New York. Amanda landet erstaunlich sanft auf dem Empire State Building, einem der höchsten Häuser der Welt. Von hier aus hat sie einen herrlichen Ausblick. Die Autos unten auf den belebten Straßen sehen klitzeklein aus, so wie Ameisen. Auf dem Geländer des Gebäudes sitzt eine Taube. Sie sieht Amanda neugierig an – denn sie hat noch nie zuvor eine Kuh gesehen. Es wird Zeit, weiterzufliegen. Amanda startet und winkt der Taube zum Abschied freundlich zu. Amanda fliegt durch die große, verrückte, wunderbare Stadt. Sie schwebt ganz leicht und locker, es ist überhaupt nicht anstrengend. *Fühl mal, wie leicht und locker sie schwebt!* Amanda schaut in die vielen Fenster hinein und sieht den Menschen bei der Arbeit in den Büroetagen zu. Manche Leute sehen die fliegende Kuh und winken begeistert. Amanda freut sich sehr darüber. *Stell Dir vor, was Amanda sonst noch von hier oben sehen kann!*

Langsam wird es dunkel, der Mond steigt auf und macht sich bereit für die Nacht. Er strahlt freundlich und fragt Amanda: „Seit wann können denn Kühe fliegen?" Amanda fliegt an ihm vorbei, lächelt ihm zu und antwortet: „Sie müssen nur die blaue Blume finden. Wenn Du noch mehr Kühe siehst, grüße sie herzlich von mir!" In der Stadt gehen überall die Lichter an. Amanda ist überglücklich, es ist ein wunderschöner Anblick. Sie fliegt mit geschlossenen Augen, ganz leicht.

Plötzlich hört sie ein Geräusch. Sie öffnet ihre Augen wieder und sieht die Katze Minka neben sich. Beide sitzen am Ufer des Waldsees. Hat sie gerade geträumt? Oder war sie wirklich in New York? Sie spürt, dass ihre Arme und Beine ganz schwer sind. *Fühl mal, wie schwer und müde ihre Arme und Beine sind!* Ob das wohl vom Fliegen kommt?

Amanda trottet neben Minka her, sie gehen zurück zur Weide. Amanda will nur noch schlafen. Sie ist ganz müde, schwer und müde. *Fühl mal, wie müde sie ist!*

Da ist ein schöner Platz. Amanda legt sich hin. Ganz schwer liegt sie auf dem schönen Grasbett und schließt ihre müden Augen. *Fühl mal, wie schön und ruhig es dort ist!*

Der Boden ist von der Sonne noch ganz warm, angenehm warm. Die Wärme zieht in ihren Körper ein und macht ihn durch und durch warm. *Fühl mal, wie wohlig warm es ist!* Minka kuschelt sich mit ihrem weichen Katzenfell bei ihr an. Amanda schläft schon tief und fest – so ein Flug macht eben müde.

Im Traum ist sie wieder hoch über New York, der Stadt, in der die Kühe fliegen können!

Projektwoche Wald

 Für eine derartige Projektwoche bieten sich folgende Geschichten an:
- Abenteuer beim Waldspaziergang
- Evas nächtliches Abenteuer
- Das Baumhaus im Zauberwald

 In den Gruppen können Spielsachen durch Waldmaterial wie Kastanien, Eicheln, Tannenzapfen, Stöcke etc. ersetzt werden.

 Das Thema „Wald" soll von den Kindern mit allen Sinnen erlebt werden:
- hören, wie die Bäume rauschen
- sehen, wie ein Wald aussieht
- riechen, wie die Pflanzen duften
- schmecken, Waldfrüchte probieren
- tasten, balancieren, klettern, frei spielen

- Ein Baumhaus bauen
- In der Gruppe einen Waldtisch einrichten
- Im Außengelände einen Baum pflanzen

Abenteuer beim Waldspaziergang

 Die Geschichte erzählt von der kleinen Marie, die bei einem Waldspaziergang eine Zauberschaukel entdeckt.

 Siehe Projektwoche Wald

 Bei einem Waldspaziergang eine Schaukel mitnehmen und die Kinder schaukeln lassen

An einem wunderschönen Sommertag unternimmt die kleine Marie mit ihren Eltern und den beiden Hunden Tobi und Flip einen Waldspaziergang. Die Sonne scheint warm und hell, der Himmel ist herrlich blau und nur ein paar winzige weiße Schäfchenwölkchen sind zu sehen. *Stell Dir vor, wie schön es draußen in der Natur ist!*
Sie betreten den Wald und genießen die klare, saubere Luft. Hier ist es nicht so heiß, die Temperatur ist angenehm. *Fühl mal, wie angenehm es ist!*

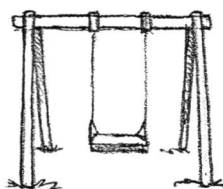

Große und kleine, dicke und dünne Bäume wachsen hier dicht nebeneinander. Ihr grünes Blättermeer bildet ein sicheres Dach über dem braunen Waldboden. Unten auf der Erde wachsen Farne und Waldblumen. Dazwischen wächst dunkelgrünes Moos. Es riecht intensiv nach Pflanzen und Erde. *Riech mal, wie intensiv es riecht!* Marie liebt diesen Geruch, sie fühlt sich im Wald geborgen und pudelwohl. *Fühl mal, wie wohl sie sich fühlt!* Marie sammelt im Wald gerne Stöcke, die sie später in den kleinen Bach hinter der Raubritterschlucht wirft. Es macht Spaß, zu beobachten, wie sie langsam davonschwimmen. Wohin mag der Bach sie wohl bringen? *Stell Dir vor, welche Abenteuer so ein Stock im Bachlauf erleben kann!*

Sie hat schon viele Stöcke gesammelt, ihre Tasche ist ganz vollgepackt. Unterwegs findet sie einen Kletterbaum. Hier spielt sie Dschungelexpedition oder stellt sich vor, dies sei eine Baumküche in der man prima kochen kann. In einem großen Astloch hat sich Wasser gesammelt, dies ist die Spüle. Marie matscht mit einem Stock darin herum. Ameisen laufen an dem Baumstamm entlang. Sie tragen große Holzstückchen in ihren Bau. Die kleinen Tierchen müssen schwer arbeiten. Marie schaut ihnen eine Weile zu. Eine kleine Nacktschnecke hat es sich in dem Astloch gemütlich gemacht. Sie schläft tief und fest. Marie probiert mit ihrem Zeigefinger, wie sich das Tierchen anfühlt. Es ist kühl und irgendwie schleimig. Marie trottet ihren Eltern hinterher. Viel lieber würde sie weiterspielen, doch die Hunde wollen laufen. Da bemerkt sie etwas zwischen zwei hohen Bäumen. Was mag das wohl sein? Marie geht näher heran und erkennt eine Schaukel. Es ist keine gewöhnliche Schaukel. Sie besteht aus einem glänzenden Brett und zwei ganz langen Seilen. Diese Schaukel muss neu sein. Gewiß war sie letzte Woche noch nicht hier. Obwohl die Eltern schon weit weg sind, kann sie nicht widerstehen. Sie setzt sich auf das Brett und schwingt langsam ihre Beine hin und her, hin und her. Immer höher und höher schaukelt sie. Marie rauscht in schnellem Tempo zuerst hoch nach vorne in die Luft und dann wieder zurück. Das üppige Laub sieht von hier oben noch schöner aus.

Die Schaukel schwingt hin und her, hin und her, ganz von alleine. Marie genießt den Wind, der ihr sanft ins Gesicht weht, sie fühlt ihn auch in ihren langen Haaren. Es ist herrlich, so leicht und frei zu schaukeln, fast so, als würde man fliegen. *Fühl mal, wie leicht und frei es sich anfühlt!*

Alles andere ist ganz unwichtig. Sie ist ruhig und frei. Ihre Klassenarbeit, die ihr so viel Sorgen macht, ist ganz unwichtig geworden. Sie genießt einfach dieses unendlich sanfte und leichte Schweben.

Möchtest Du auch schweben? Dann stelle Dir einfach vor, auf dieser Zauberschaukel zu sitzen! *Fühl mal, wie gut es tut!*

Marie will gar nicht mehr weg von diesem Ort.

Da hört sie eine Stimme: „Bleib nur ganz ruhig, Marie. Diese Schaukel gehört mir. Ich bin die Hüterin des Waldes. Nur ganz besondere Menschen dürfen auf meiner Schaukel schweben. Für andere ist sie unsichtbar. Ich bin froh, dass Du gerne hierher kommst und mit meinen Freunden, den Bäumen, spielst. Leider haben immer weniger Kinder Freude daran. Wenn Du schaukelst, bekommst Du mit jedem Schwung mehr und mehr Kraft. Alle Sorgen und Nöte verschwinden und lösen sich in Nichts auf. Ich schenke Dir Energie. Schließe Deine Augen und genieße es, hier zu sein. Konzentriere Dich ganz auf Dich."

Marie tut, was die Waldfee sagt. Es ist wunderschön, sie vertraut sich ihr ganz an. *Fühl mal, wie schön es ist!*

Auch Du kannst jetzt schaukeln und Energie tanken. Du spürst, wie sich alle Sorgen und Nöte auflösen, wie sie immer unwichtiger werden. Träume und genieße eine Zeit lang!

Als die Schaukel schließlich anhält, öffnet Marie ihre Augen wieder. Sie fühlt sich ganz stark und voller Kraft. *Fühl mal, wie gut sie sich fühlt!*

Die Schaukel ist verschwunden. Da hört sie ihre Eltern rufen: „Marie, wo bleibst Du denn? Bist Du müde?" Marie antwortet: „Ich komme schon, ich habe nur etwas geschaukelt!"
Fröhlich lächelnd läuft sie ihren Eltern entgegen. Sie freut sich schon auf ihren nächsten Besuch bei der Waldfee!

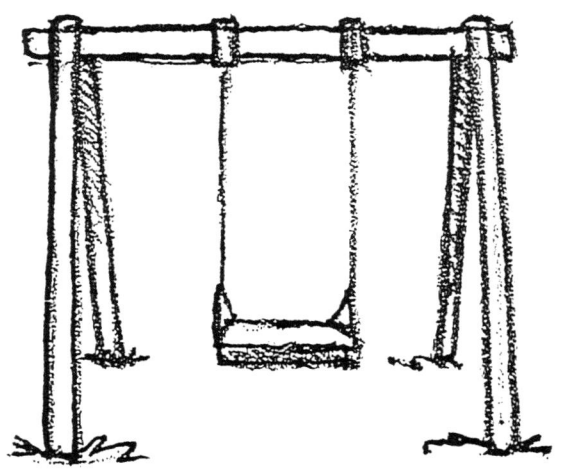

Evas nächtliches Abenteuer

 Die Geschichte erzählt von der kleinen Eva, die mit ihrem Opa frei lebende Wildschweine beobachtet.

• Siehe Projektwoche Wald
• Welche Tiere leben im Wald?

 Ein Jäger könnte im Kindergarten von seiner Arbeit erzählen und anschließend mit den Kindern eine geführte Wanderung unternehmen.

Hast Du schon einmal ein Wildschwein gesehen? Ich meine ein echtes, frei lebendes Wildschwein. Sie sind dick und kräftig und haben ein struppiges, festes Fell. Wenn sie noch klein sind, haben sie braune Streifen und werden „Frischlinge" genannt. In dieser Zeit sind die großen Wildschweine sehr gefährlich, weil sie gut auf ihre Jungen aufpassen. Wildschweine leben tief in den großen Wäldern. Sie wandern jede Nacht weite Strecken um Futter zu finden, wobei sie oft große Schäden in der Natur anrichten. Tagsüber schlafen sie stundenlang. Meistens haben sie Wasserlöcher, in denen sie regelmäßig baden. Anschließend wälzen sie sich im Dreck, bis sie eine dicke Matschpackung auf ihrem Fell haben. Wenn der Schmutz getrocknet ist, schubben sie sich gerne an Bäumen. Dabei lösen sich alle Insekten, die sich im Fell der Wildschweine eingenistet haben. Für die Tiere ist es ein gutes Gefühl, sich am Baum zu schubben. *Stell Dir vor, wie gut es tut, allen Ballast abzuschubbern!*

Die kleine Eva kennt Wildschweine bisher nur aus dem Tierpark. Sie hat sie dort schon oft gefüttert. Frei lebende Schweine hat sie noch nicht gesehen. Ihr Opa Heinz ist leidenschaftlicher Jäger. Im Westerwald besitzt er ein Jagdrevier, in dem auch Wildschweine leben. Opa Heinz geht oft in den Wald zur Futterstelle und legt dort Futter für die Schweine aus. Von Zeit zu Zeit müssen aber auch  Schweine geschossen werden, damit sie sich nicht zu stark vermehren. Zuerst möchte Opa Heinz sich anschauen, wie viele Tiere im Wald leben. Eva darf ihn heute begleiten, sie kann mit ihm „ansitzen". So nennt man es, wenn ein Jäger zur Wildbeobachtung auf einem Hochsitz sitzt. Weil die Schweine nachts aktiv sind, müssen die beiden nachts in den Wald. Eva ist 6 Jahre alt, sie hat etwas Angst vor dem nächtlichen Ausflug. Sie trägt dunkle Kleidung und einen grünen Rucksack, in den sie eine Taschenlampe, Taschentücher und ein Brot eingepackt hat. Der Opa sieht fast genauso aus, zusätzlich trägt er auf dem Kopf einen Jägerhut. Gemeinsam fahren sie mit dem Auto zum Wald. Eva war noch nie nachts im Wald, es ist stockdunkel, sie ist aufgeregt. *Fühl mal, wie aufgeregt sie ist!*

Opa Heinz hält den Wagen an, beide steigen aus und schließen leise die Autotüren. Er sagt: „Ab jetzt musst Du ganz still sein, sonst vertreibst Du das Wild." Zur Bestätigung hält er seinen Zeigefinger an die Lippen. Im Wald ist es noch dunkler als auf der Straße. Eva hält die große, warme Hand ihres Opas ganz fest. Opa kennt den Weg, er war schon oft hier. Nach einer halben Stunde erreichen sie die Suhle – so nennt man das Wasserloch, in dem die Schweine baden.

Direkt am Wasserloch steht ein Hochsitz, sie klettern hinauf. Oben ist eine Bank eingebaut, auf der sie es sich gemütlich machen. Bis jetzt ist noch kein Schwein zu sehen. Für alle Fälle hat Opa sein Gewehr und sein Nachtsichtgerät eingepackt. Sie warten und warten, doch es tut sich nichts. Inzwischen hat Eva sich an die Dunkelheit gewöhnt. Das Mondlicht scheint silbern über den Wald. Eva hört ein Waldkäutzchen rufen. *Hör mal, wie es ruft!*

Überall raschelt und krabbelt es. Viele Tiere, die tagsüber schlafen, sind jetzt unterwegs. Kennst Du Tiere, die nachts umherlaufen? Die Geräusche sind sehr gruselig. *Hör mal, wie gruselig sie sind!*

Von dem langen Stillsitzen ist Eva müde geworden. Sie ist eingenickt. Sie weiß nicht, wie lange sie schon auf dem Hochsitz ist. Auch Opa Heinz ist eingeschlafen, als plötzlich ein lautes Grunzen und Quieken zu hören ist. Opa stupst Eva ganz leicht in die Seite und zeigt stumm auf die vielen Wildschweine, die gerade an der Suhle angekommen sind. Eva schaut begeistert zu und erfreut sich an dem Getümmel der Schweine. Die Tiere plantschen vergnügt in dem schwarz-glänzenden Wasser herum. Dabei grunzen sie fröhlich vor sich hin. Sie ahnen nicht, dass sie von zwei Menschen beobachtet werden, die hoch oben im Baum sitzen. Nach dem ausgiebigen Bad wälzen sich die Schweine im Dreck und schon bald danach beginnen sie mit dem Schubben. Rate mal, welchen Baum sie sich ausgesucht haben? Richtig, es ist genau der Baum, auf dem Eva und Opa Heinz sitzen. Der ganze Hochsitz bewegt sich hin und her, hin und her. Ob er wohl halten wird? *Fühl mal, wie er sich hin und her bewegt!*

Eva ist sehr aufgeregt, ihr Herz schlägt schnell, es ist spannend. *Fühl mal, wie aufgeregt sie ist!*

Da kommt ein riesiger Keiler – ein männliches Wildschwein – auf den Sitz zu. Er schubbelt sich so stark, dass der Sitz fast zusammenbricht. Eva hat Angst, doch Opa nimmt beruhigend ihre Hand. *Stell Dir vor, wie beruhigend die große, warme Hand wirkt!*

Endlich ziehen die Schweine weiter. Nach dem ausgiebigen Bad gehen sie jetzt auf Futtersuche. Als sie nicht mehr zu hören sind, trauen sich die beiden von dem Sitz herunter. Schweigend gehen sie zum Wagen zurück. Sie müssen vorsichtig sein, weil die Schweine in der Nähe sein könnten. Im Auto sagt Opa zu ihr: „Du warst sehr tapfer, Eva. Ich bin sehr stolz auf Dich! Das war ganz schön gefährlich. Nicht auszudenken, wenn der Sitz umgefallen wäre."

Eva möchte nur noch schlafen. Sie liegt in ihrem weichen Bett und denkt an die Wildschweine. Wo mögen sie wohl hingezogen sein. Erst jetzt merkt sie, wie müde sie ist, schwer und müde. Ihre Arme und Beine sind ganz schwer, angenehm schwer. *Fühl mal, wie schwer sie sind!*

Unter der kuscheligen Decke ist es wohlig warm. Sie genießt die wohlige Wärme. *Fühl mal, wie wohlig warm es ist!*

Eva schließt ihre Augen, die immer schwerer werden. Ganz schwer sind ihre Augen. Es ist schön, mit geschlossenen Augen in dem warmen und weichen Bett zu liegen. Schließlich schläft Eva ein. Ganz bestimmt wird sie wieder zu den Schweinen gehen, doch jetzt muss sie sich ausruhen!

Das Baumhaus im Zauberwald

 Die Geschichte erzählt von vier Kindern, die sich im Zauberwald ein Baumhaus bauen und dort den Gesang des Zaubervogels hören.

 Siehe Projektwoche Wald

 Mit den Kindern ein Baumhaus bauen

Im Land Fantasien gibt es einen wunderschönen Wald, gar nicht weit von Irgendwo. Dort leben Tiere, Pflanzen, Insekten, Spinnen und ganz viele andere Lebewesen miteinander in Frieden. Sie alle lieben diesen schönen Wald und können sich gar nicht vorstellen, dort wegzugehen. Der Ort strahlt Geborgenheit und Sicherheit aus. Jeder fühlt sich dort wohl und irgendwie verzaubert. *Stell Dir vor, wie Dein Zauberwald aussieht!*
Eines Tages kommen Kinder in den Zauberwald. Anders als viele Erwachsene haben diese Kinder Zeit und Lust, alles zu erforschen. Es sind zwei Jungs und zwei Mädchen, alle gut miteinander befreundet.

Denke Dir aus, wie sie heißen, vielleicht bist Du ja selbst mit Deinen Freunden dort! Die Kinder atmen die gute Waldluft ein und genießen den Duft der Blätter und Tannennadeln. *Riech mal, wie gut es duftet!* Überall gibt es etwas zu entdecken: Käfer, Würmer, Pilze, Eicheln, Bucheckern, Stöcke, Moos und Spielbäume finden sie hier. *Stell Dir vor, was es sonst noch alles im Wald gibt!* Die Kinder klettern über Baumstämme, die am Boden liegen, springen über Bäche, rühren in Sumpflöchern herum und ruhen sich im Laubteppich aus. Als sie so daliegen und nach oben sehen, erblicken sie eine wunderschöne Baumkrone. Das ist natürlich keine echte Krone, wie sie ein König trägt, sondern das gesamte Grün eines Baumes. „Ihr" Baum hat einen sehr hohen Stamm, der von den allerschönsten Blättern umhüllt ist. Eines der Kinder hat die Superidee: „Wir bauen dort oben, ganz hoch im Baum ein Haus, nur für uns! Kein Erwachsener soll jemals dort hinauf kommen."

Aber wie baut man ein Baumhaus? Sie überlegen, welches Material sie benötigen: Holz, Nägel, Seile, Werkzeug. Sofort fangen sie mit der Arbeit an. Das Holz tragen sie aus dem Wald herbei, es ist sehr schwer. *Fühl mal, wie schwer es ist!* Nägel, Seile und Werkzeug holen sie von zu Hause.

Die Kinder sind sehr fleißig, ihnen ist es warm, angenehm warm. *Fühl mal, wie warm sie sind! Warm und locker!*

Die Tiere des Waldes haben gehört, dass hier ein Baumhaus gebaut werden soll. Sie sind neugierig geworden und kommen immer näher heran. Rehe, Kaninchen, Eichhörnchen, Waschbären und Füchse schauen den Kindern zu. Der größere Junge klettert gerade den riesigen Baum hoch, in Windeseile ist er oben, er ist sehr geschickt. An der großen Astgabelung hält er an, dieser Platz ist für das Baumhaus genau richtig. An einem Seil zieht er die ersten Bretter nach oben und macht sie fest, dies wird der Boden für das Baumhaus. Die Arbeit ist sehr anstrengend, der Junge schwitzt, ihm ist es ganz warm, wohlig warm. *Fühl mal, wie warm es ist!* Seine Arme müssen kräftig ziehen, sie werden immer schwerer. *Fühl mal, wie schwer und müde seine Arme sind!*

Die anderen Kinder möchten auch hinauf. Weil sie nicht so gut klettern können, zieht der große Junge sie mit dem Seil hinauf. Stück für Stück kommen sie höher und höher, jetzt sind alle Kinder oben. Es ist wunderschön, dort in dem üppigen Laub zu sitzen. Von unten kann sie niemand entdecken aber sie können alles sehen. *Kannst Du Dir vorstellen, was sie sehen können?*

Hoch oben im Baum hat ein Zaubervogel sein Nest gebaut. Er hat viele bunte Federn, die in allen Farben schimmern. *Stell Dir vor, wie bunt der Zaubervogel ist!* Die Kinder mögen den Zaubervogel sehr gerne, sie hören seinem magischen Gesang aufmerksam zu. Sanfte Töne sinken wie kleine Regentropfen auf sie herab und hüllen sie ein. Die Musik ist wunderschön. *Hör mal, wie schön sie ist, ganz ruhig!* Die Kinder werden immer ruhiger, ganz ruhig und locker. Ihr Baumhaus ist jetzt fertig. Sie haben sich ganz alleine ein wunderbares Versteck gebaut, niemand kann sie hier finden. Die Mädchen haben Decken und Kissen mitgebracht, die sie auf den Bretterboden legen. Darauf liegen sie weich und bequem. Von der vielen Arbeit sind sie müde geworden. Es ist Zeit, auszuruhen. Die Kinder kuscheln sich aneinander, schließen die Augen und hören der Musik des Zaubervogels zu. Sie genießen die Ruhe, werden immer ruhiger, völlig locker. Sie wärmen sich gegenseitig, bis sie alle ganz warm, wohlig warm und schwer sind. *Fühl mal, wie warm und schwer sie sind! Stell Dir vor, wie herrlich es ist, dort oben in der Baumkrone zu liegen, eingehüllt von den wunderschönen grünen Blättern!* Ein sanfter Wind lässt das Laub leicht rascheln. *Hör mal, wie leicht und sanft es raschelt!*

Die Kinder freuen sich und schlafen fest ein. In ihren Träumen hören sie von fern das Lied des Zaubervogels, das Lied des Zauberwaldes.

Das zarte Wispern
des Wunschpilzes

 Die Geschichte erzählt von einem Jungen, der sich mit seinem Opa auf die Suche nach dem Wunschpilz macht. Gemeinsam möchten Sie den Pilz um die Erfüllung ihrer Wünsche bitten.

- Nach Möglichkeit sollte die Geschichte in der Natur vorgelesen werden, z. B. im Außengelände oder im Wald
- Decken und Matten mitnehmen

- Was hat Johannes sich gewünscht?
- Auf materielle und ideelle Dinge eingehen

- Kinder durch verschiedene Stilleübungen zur Ruhe führen: Flüsterpost, den eigenen Atem hören, den Herzschlag fühlen
- Kinder dürfen eigene Wünsche aussprechen oder malen

Hast Du schon einmal von dem Wunschpilz gehört? Er soll tief im Wald wachsen und ganz unscheinbar aussehen. Der Wunschpilz ist mittelgroß, hat einen braunen Hut und eine weiße Krempe um seinen Stiel. Seine Lamellen sind schneeweiß. Wer den Wunschpilz findet, darf sich etwas wünschen. Es ist aber sehr schwierig, ihn zu erkennen. Zum Glück hat der Pilz eine Besonderheit: er kann wispern. Dabei säuselt er Worte, die für unsere Ohren kaum wahrnehmbar sind. Deshalb finden nur wenige Menschen diesen Pilz. Sie schaffen es nur, wenn sie ganz aufmerksam zuhören können. Wenn Du möchtest, kannst Du auf die Suche nach dem Wunschpilz mitgehen. Dann schärfe Dein Gehör und sei ganz still, damit Du sein Wispern erkennst!

Johannes ist schon lange auf der Suche nach dem Wunschpilz. Sein Opa hat ihm erzählt, dass der Pilz ganz tief im Wald wachsen soll. Opa hat Johannes versprochen, mit ihm den Wunschpilz zu suchen. Sie wollen gemeinsam in den Wald wandern und auch dort übernachten. Opa hat Proviant für zwei Tage und ein kleines Zelt eingepackt. Jetzt gehen sie los. Zuerst wandern sie auf normalen Wegen, so, wie es viele Spaziergänger tun. Nach ein paar Stunden erreichen sie einen Weg, der tief in den Wald hineinführt. Hier kommen nur sehr selten Menschen hin. Auf einer Lichtung finden sie einen schönen Platz. Das Gras sieht herrlich frisch und grün aus. Ringsherum stehen schützende Bäume und die Sonne bringt viel Licht in den sonst düsteren Wald hinein. Dies ist der richtige Ort für den Zeltplatz. Nachdem das Zelt steht, nehmen sie eine kleine Mahlzeit zu sich und machen sich dann weiter auf die Suche. Johannes ist ganz aufgeregt. *Fühl mal, wie aufgeregt er ist!* Er hält Opas warme Hand, die ihm Sicherheit und Kraft gibt. Gespannt hören sie den Geräuschen des Waldes zu, sie sind ganz ruhig. Vögel zwitschern fröhlich vor sich hin, ein Frosch quakt und ein Eichelhäher meldet den anderen Tieren die Ankunft der Menschen. Opa erklärt Johannes, dass der

Eichelhäher auch „Waldpolizist" genannt wird, weil er jeden Eindringling meldet. Da sehen sie einen riesigen Baum, der vor Kraft nur so strotzt. Direkt darunter steht ein kleiner, unscheinbarer Pilz. Das könnte der Wunschpilz sein, die Beschreibung passt genau auf ihn. Sie gehen näher heran. Johannes hört es zuerst, ein leises Wispern geht von dem Pilz aus. Der Junge geht ganz nah heran und versteht jetzt die Worte, die der Pilz säuselt: „Willkommen, Du hast mich gefunden. Ich bin der Wunschpilz. Wenn Du ein gutes Herz hast, darfst Du drei Wünsche aussprechen. Überlege gut, was Du Dir wünschen möchtest!"

Johannes ist sehr froh, dass sie den Wunschpilz gefunden haben. Doch jetzt ist er so aufgeregt, dass er gar nicht weiß, was er sich zuerst wünschen soll. Er überlegt und wünscht sich schließlich ein neues Fahrrad zum Geburtstag. Darauf freut er sich schon so lange. Als zweiten Wunsch wünscht er sich, dass er, seine Eltern und Großeltern gesund bleiben und als drittes wünscht er sich, dass es ihnen immer gut geht. Jetzt sind seine drei Wünsche ausgesprochen. Hat er alles richtig gemacht? Er hätte sich sooo viele Sachen wünschen können!

Opa hat seine Wünsche still formuliert. Johannes fragt ihn nicht danach, es soll sein Geheimnis bleiben. Vielleicht möchtest Du jetzt auch Deine Wünsche still aussprechen?

Der Pilz verabschiedet sich von den beiden und bittet sie, keinem Menschen zu erzählen, wo der Wunschpilz zu finden ist. Jeder muss ihn selbst suchen und finden, sonst erfüllen sich die Wünsche nicht. Die beiden gehen zurück zum Zelt. Müde legen sie sich hinein und machen sich bereit für die Nacht. Es ist dunkel geworden. Die Sterne strahlen hell am Himmel und der Mond scheint auf sie herab. Es ist ein wunderschöner Abend an einem wunderschönen Ort. Der Tag war anstrengend. Johannes ist von der langen Wanderung erschöpft. Als er auf seiner Luftmatratze liegt, spürt er, wie schwer und müde seine Arme und Beine sind. *Fühl mal, wie schwer und müde seine Arme und Beine sind!* Ganz schwer liegen sie auf der Unterlage. Unter der Decke wird es ihm jetzt ganz warm. *Fühl mal, wie warm es ist!* Johannes schließt seine Augen und genießt es, in seinem gemütlichen Zelt zu liegen. Seine Augen sind ganz schwer, er ist ganz ruhig. *Fühl mal, wie ruhig er ist!*

Jetzt schläft er ein. Er träumt von dem Wunschpilz und von den vielen Dingen, die er sich hätte wünschen können.

Das goldene Strahlen der Sternschnuppen

 Die Geschichte erzählt von Laura, die nachts eine Sternschnuppe erblickt und sich ganz fest wünscht, mit einem Sternenschiff durch den Weltraum zu fliegen.

 Sternenhimmel dekorieren: blaues Tuch, Lichterkette, gelbe Sterne aus Tonpapier

- Die Geschichte kann im Rahmen eines Projektes „Sterne" vorgelesen werden
- Mit den Kindern über unser Sonnensystem sprechen, die einzelnen Planeten vorstellen (Bilderbücher, Fachliteratur, Dias)

- Eine Sternwarte besuchen
- Ein Raumschiff bauen (umgedrehter Tisch, Alufolie, Lämpchen, Reifen oder Ballons in Planetenfarben)
- Kinder dürfen sich verkleiden (Sternenwesen)
- Einen Stern basteln

Es gibt Nächte, die so warm und klar sind, dass die Sterne zum Greifen nahe sind und man gar nicht ins Haus gehen möchte. Dann könnte man stundenlang die Sterne beobachten. Manchmal sind fliegende Leuchtpunkte am Himmel zu sehen, die plötzlich verglühen – das sind Sternschnuppen. Wer eine Sternschnuppe sieht, darf sich etwas wünschen. Es ist wichtig, dass es ein richtiger Herzenswunsch ist, den man nicht verraten darf. Die kleine Laura hat ihr Zimmer direkt unter dem Dach und kann von ihrem Bett aus durch das Dachfenster die Sterne sehen. In einer lauen Sommernacht liegt Laura wach im Bett und denkt an ihren größten Herzenswunsch: Sie möchte mit einem Sternenschiff durch den Weltraum fliegen und wunderbare Planeten entdecken. Sie stellt sich genau vor, wie schön das sein muss. Noch ganz in Gedanken sieht sie plötzlich einen hell leuchtenden Punkt, der sich schnell bewegt und verglimmt: eine Sternschnuppe. Sofort schließt sie die Augen und wünscht sich ganz fest, dass ihr Traum in Erfüllung geht. Dann schläft sie friedlich ein. *Fühl mal, wie friedlich sie schläft!* Mitten in der Nacht hört sie ein Geräusch. Sie öffnet die Augen und sieht genau vor ihrem Fenster ein hell erleuchtetes Raumschiff schweben. Hunderte Lämpchen blinken, es sieht toll aus. Laura ist hellwach, sie reibt sich die Augen, weil sie nicht glauben kann, was sie erlebt. Das Sternenschiff ist noch da, es ist echt. Eine Tür öffnet sich und ein Sternenwesen schaut heraus. Laura öffnet das Dachfenster. „Wir holen Dich ab, kleine Laura. Du möchtest doch so gerne den Weltraum kennen lernen. Fürchte Dich nicht, wir sind Deine Freunde. Ich heiße Mordor, komm und steige ein."

Das Sternenwesen sieht sehr freundlich aus, es ist klein und rund, wie ein Zwerg. Auf seinem Kopf sind zwei lange Antennen befestigt, die hin und her wippen. Laura steigt in das Raumschiff ein. Das Schiff startet, mit riesigem Tempo beginnt der Flug durch das Weltall. Laura kann die Erdkugel sehen, die wie eine blau-weiße

Murmel aussieht. Nach einer Weile landet das Schiff auf einem unbekannten Planeten. Laura steigt aus, sie atmet klare Luft ein. Auch hier gibt es Bäume, Blumen und Tiere, die jedoch ganz anders aussehen als bei uns. „Dies ist unser Planet," sagt Mordor, „willkommen auf Oxon!" Laura sieht sich um. Viele Sternenkinder sind zur Begrüßung gekommen, sie sehen freundlich aus. „Du kannst hier tun, was Du möchtest, jeder Wunsch soll Dir erfüllt werden, sofern er friedlich ist. Wir leben in Liebe und Frieden miteinander." Laura spielt den ganzen Tag mit den Sternenwesen, sie schenken ihr ein Sternenspielzeug. Sie fühlt sich wohl und geborgen. Das Essen der Sternenkinder schmeckt herrlich. Es gibt Eiscreme so viel sie nur möchte, Schokolade und Gummibärchen. Laura ist sehr begeistert von diesem wunderbaren Planeten. Die Sternenwesen scheinen gar nicht müde zu werden. Laura fragt, wann die Kinder gewöhnlich zu Bett gehen. „Oh, wir schlafen nie," antworten sie. Laura kann dies nicht glauben. Sie geht zwar abends nicht gerne ins Bett – doch niemals zu schlafen, das kann sie sich nicht vorstellen. Laura merkt, wie müde sie plötzlich ist. *Fühl mal, wie müde sie ist!* Die Sternenkinder bringen ihr eine Decke. Sie kuschelt sich hinein und spürt ihren müden Körper. Von den Anstrengungen sind ihre Arme und Beine ganz schwer geworden. *Fühl mal, wie schwer sie sind.* Sie liegt nun schwer auf der Unterlage. Die Decke ist kuschelig warm. Ihr ganzer Körper ist jetzt warm, warm und schwer. *Fühl mal, wie warm und schwer ihr Körper ist!* Ihre Augen sind schwer, sie schließt ihre Augen, weil sie so schwer sind. *Fühl mal, wie schwer ihre Augen sind!* Im Traum fliegt sie mit dem Raumschiff zurück zur Erde, zurück in ihr Zimmer. Als sie am Morgen erwacht, liegt sie in ihrem Bett. Sie kann sich an alles erinnern. Doch war es Wirklichkeit oder nur ein Traum? Da fühlt sie etwas in ihrer Hand, es ist das Sternenspielzeug, das sie von den Sternenkindern geschenkt bekommen hat. „Danke, liebe Sternschnuppe!" murmelt sie.

Der Berg der Wünsche

 Die Geschichte erzählt von drei Kindern, die auf der Suche nach Anerkennung gemeinsam einen Berg besteigen und dabei zu sich selbst finden.

 Erzählstein

 Was stört mich an meinem Körper?
Erzählstein in die Hand geben

• Nach der Geschichte über den Inhalt sprechen
• Kinder auffordern, einem anderen Kind etwas Positives zu sagen

• Die Kinder lernen, sich und andere zu akzeptieren. Sie werden für die Schwächen anderer Kinder sensibilisiert.

Irgendwo zwischen Tag und Nacht und Himmel und Erde gibt es einen ganz besonderen Berg. Es ist der Berg der Wünsche. Seit Beginn der Welt gibt es diesen Berg. Viele Menschen suchen ihn, um ihre Wünsche zu verwirklichen. Vielleicht möchtest auch Du diesen Berg finden? Dann mache Dich bereit für die Reise und komme mit!

Auf dem Weg zum Berg der Wünsche treffen sich drei Kinder: Leon, Maike und Jannick. Sie haben alle einen ganz bestimmten Wunsch. Leon hat seit ein paar Wochen eine Brille. Er trägt sie, weil er sonst nicht so gut sehen kann. Die Brille sieht eigentlich sehr gut aus – doch in seiner Schulklasse wird er deswegen gehänselt. Ein paar seiner Mitschüler rufen ihm ständig hinterher: „Brillenschlange, Brillenschlange!" Leon leidet sehr darunter, er möchte anerkannt und beliebt sein. Zuhause weint er deswegen und will seine Brille nicht mehr anziehen. Deshalb sucht er den Berg der Wünsche. Es ist seine große Hoffnung, dort Hilfe zu finden. Auf seinem Rücken trägt er einen Rucksack, in den er seine Sorgen hineingepackt hat. Jetzt geht er los.

Auch Maike hat ein Problem, mit dem sie nicht fertig wird. Weil ihre Zähne krumm und schief wachsen, hat sie eine Zahnspange bekommen. In ein paar Jahren wird sie wunderschöne Zähne haben, doch jetzt muss sie mit der Spange leben. Sie kann viele Sachen nicht essen und ihre Sprache ist undeutlich geworden. In ihrer Klasse gibt es Kinder, die sie deswegen auslachen. Maike ist sehr traurig. Sie lacht nicht mehr und redet kaum noch. Früher war sie ein lustiges Mädchen, so fröhlich möchte sie wieder sein. Auch Maike hat einen Rucksack dabei, in den sie alle Ängste und Sorgen gepackt hat. Er ist sehr schwer. *Fühl mal, wie schwer er ist!*

Jannick ist ein aufgeweckter, kluger Junge. Er liest gerne Bücher, spielt oft mit dem Computer oder mit der Eisenbahn. Doch er ist immer alleine, weil er keine Freunde hat. Wenn Jannick etwas sagen möchte, muss er stottern. Dafür schämt er sich und dann wird es noch schlimmer. Also sagt er lieber nichts mehr. Eines Tages macht er sich auf den Weg zum Berg der Wünsche und hofft, dort Hilfe zu finden. Jannick hat einen großen und sehr schweren Rucksack dabei. Was könnte da wohl drin sein? Richtig, alle Sorgen und Nöte sind dort untergebracht.

Die drei Kinder treffen sich unterwegs: Leon – die Brillenschlange, Maike – das Zahnspangenmonster und Jannick – der Stotterer.

Sie sind gerade am Anfang des Weges zum Berg der Wünsche, als sie eine Stimme hören: „Liebe Kinder, herzlich willkommen auf dem Weg zum Berg der Wünsche. Ich fühle, dass Eure Rucksäcke schwer sind und dass Ihr viel Kraft benötigt, um sie zu tragen. Unterwegs könnt Ihr immer wieder eine Pause machen und an jeder Station eine Sorge aus den Rucksäcken herausnehmen. Ihr müsst den Weg gemeinsam gehen, dann schafft ihr es auch, zum Ziel zu kommen."

Die Kinder tun, was die Stimme gesagt hat. Jeder hat nun einen schweren Rucksack voller Ängste und Sorgen zu tragen. Der Weg zum Gipfel ist weit und sehr anstrengend. Es ist heiß, die Sonnenstrahlen sind ganz warm. *Fühl mal, wie warm die Sonnenstrahlen sind!* Immer wieder müssen sie sich gegenseitig helfen, um weiterzukommen. *Fühl mal, wie schwer sie tragen müssen!*

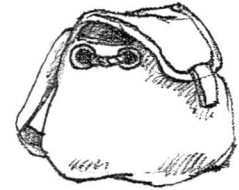

An der ersten Station öffnen sie ihre Rucksäcke und lassen einen Teil ihrer Sorgen zurück. Sie staunen, weil ihre Sorgen ganz klein und unwichtig werden, bis sie sich schließlich ganz auflösen. Es ist ein schönes Gefühl, sich von den Sorgen freizumachen – ein leichtes, frohes Gefühl. *Fühl mal, wie gut es tut!*

Leon, Maike und Jannick halten fest zusammen. Sie spüren, dass sie gemeinsam immer stärker werden. Sie akzeptieren sich so, wie sie sind. Jeder nimmt den anderen voll an. Es ist schön, sich angenommen und verstanden zu fühlen. *Stell Dir vor, wie schön es ist, akzeptiert zu sein!*

Mit jeder Station werden die Rucksäcke leichter und leichter. Schon bald sind sie leer. Endlich erreichen die Kinder den Gipfel. Sie fühlen sich ganz leicht, leicht und locker. *Fühl mal, wie leicht und locker sie sich fühlen!*

Plötzlich verwandeln sie sich in Vögel und setzen zum Flug an. Mit ausgebreiteten Flügeln vertrauen sie sich dem Wind an, der sie sanft dahingleiten lässt. Sie schweben wie schwerelos hoch oben am Himmel. Die Sorgen, die sie an ihren Stationen zurückgelassen haben, sind nicht mehr da, sie haben sich vollkommen aufgelöst. Der Flug bringt den Kindern Kraft und Stärke. *Fühl doch mal, wie gut ihnen der Flug tut!*

Die Luft ist klar und frisch, sie atmen ganz von selbst, ein und aus, ein und aus. Dann landen sie ganz sanft auf dem Berg der Wünsche und sind wieder sie selbst. Es hat sich nichts verändert. Leon trägt seine Brille, Maike ihre Zahnspange und Jannick stottert immer noch hin und wieder. Und dennoch fühlen sie sich leicht und gut, ganz leicht. Sie haben Freunde gefunden und gelernt, sich selbst anzunehmen, so, wie sie sind. Ihre Wünsche haben sich erfüllt – ein schönes Gefühl! *Spür mal, wie gut es sich anfühlt!*

Auf dem Rückweg sind sie glücklich und zufrieden. Mit leichten Schritten gehen sie ihren Weg. Sie fühlen sich gut und glücklich. *Du fühlst Dich gut und glücklich!!!*

Der einsame Goldfisch

 Die Geschichte erzählt von dem Mädchen Janna, die ihren einsamen Goldfisch Charly die Freiheit schenkt.

 Mit den Kindern über eigene Haustiere und über Verantwortung gegenüber den Tieren sprechen

- Fische beobachten (Aquarium, Fischteich)
- Im Kindergartengelände mit den Kindern ein Biotop anlegen und den Kindern die Verantwortung für Pflanzen und Fische übertragen
- Ein Aquarium basteln

In einem großen, kugeligen Glas lebt Charlie, der Goldfisch. Jeden Tag bekommt er frisches Wasser und leckeres Fischfutter. Charly wird bestens versorgt – aber dennoch ist er sehr traurig. Das Glas steht auf der Fensterbank des Kinderzimmers in einem sehr schönen Haus. Durch die Fensterscheibe kann er jeden Tag in die weite Welt schauen. Er sieht den Himmel, die Wolken, die Sonne, Tiere, Bäume, Sträucher und Blumen. Oft träumt er davon, genauso frei zu sein, wie die Vögel, die vor seinem Fenster sitzen und Futter aufpicken. Sie können jederzeit weiterfliegen, er kann das leider nicht. Tag für Tag sitzt er alleine in seinem Glas und fühlt sich furchtbar einsam. Goldfische leben in großen Familien und schwimmen jeden Tag viele Kilometer weit. Sie lieben es, im seichten Uferbereich zu stöbern, fressen Froschlaich und Mückenlarven. All das entgeht unserem Charly.

Eines Tages ist Charly ganz krank vor Einsamkeit. Er steht still in seinem Wasserglas, isst nichts mehr und starrt abwesend vor sich hin. Die kleine Janna weiß, dass es ihrem Goldfisch nicht gut geht. Deshalb ist auch sie traurig. Was kann sie nur tun? Verzweifelt erzählt sie ihrem Papa, wie es um Charly steht. „Nun, wenn Du ihm wirklich helfen willst, musst Du ihm die Freiheit wiedergeben. Erst dann kann er glücklich sein. Wenn Du möchtest, lassen wir Charly im großen Schlossteich frei", sagt Papa. Janna wird es schwer ums Herz. Sie möchte Charly natürlich helfen – aber ihn freilassen? Doch der traurige Blick aus Charlys Augen festigt ihren Entschluss: „Gut, wir lassen Charly frei", sagt sie. Janna hält das Fischglas ganz fest. Es ist schwer. *Fühl mal, wie schwer es ist!* Gemeinsam mit ihrem Papa ist sie unterwegs zum Schlossteich. Dort leben viele Goldfische, Karpfen und andere Arten, wie im Paradies. Jannas Arme werden immer schwerer. Zum Glück sind sie gleich am Ziel.

Charly wundert sich über seinen Ausflug. Das Wasser im Glas schwappt hin und her, hin und her. Wo geht das Kind mit ihm hin? Hier war er noch nie! Er sieht viele Bäume, Blumenbeete und einen riesigen Teich.

Janna betrachtet den großen Schlossteich. Hier kann Charly wunderbar leben. Sie überlegt nicht lange, schaut ihrem Fisch noch einmal in die Augen und verabschiedet sich von ihm: „Auf Wiedersehen, Charly, mach's gut, ich hab Dich ganz doll lieb!" Sie schüttet das ganze Wasser samt Fisch in den Teich. Mit einem großen Plumps fällt Charly in den Schlossteich hinein. Er weiß nicht, was

mit ihm passiert. Ist er jetzt frei, wirklich frei? Das Teichwasser ist ganz weich, viel weicher als das Wasser im Fischglas. *Stell Dir vor, wie weich das Teichwasser ist!* Sanft gleitet Charly durch den Teich. Überall sind Wasserpflanzen, in denen man sich herrlich verstecken kann. Es ist schön, so frei zu sein und so weit schwimmen zu können! *Stell Dir vor, wie schön das ist!* Charly dreht sich im Wasser und entdeckt eine Seerose, die er aufgeregt beschnuppert. Charly schwimmt und schwimmt, bis er plötzlich auf andere Goldfische trifft. „Hallo, wie heißt Du?" fragen sie ihn stumm, „Bist Du neu hier? Komm, wir zeigen Dir alles!"

Charly erzählt ihnen seine Geschichte und schließt schon bald mit den Fischen Freundschaft. Endlich hat er eine Familie gefunden!

Gemeinsam erkunden sie den großen Teich, bis Charly ganz müde ist.

Es war ein anstrengender Tag. Charly kuschelt sich unter ein Seerosenblatt und schließt seine Augen. Er ist ganz schwer und müde. *Fühl mal, wie schwer und müde er ist!* Zum ersten Mal fühlt er sich frei, frei und glücklich. Es ist ein herrliches Gefühl, so frei zu sein.

Die kleine Janna ist auch glücklich. Sie weiß, dass es ihrem Charly nun viel besser geht. Wenn sie ihn sehen möchte, kommt sie einfach hierher. Charly wird sie niemals vergessen. Durch das Wasser kann er sie erkennen und von ihr das leckere Fischfutter annehmen, wenn sie ihn besucht.

Charly wird noch viele Abenteuer in diesem Teich erleben können – aber das ist eine andere Geschichte.

Der Tanz auf dem Regenbogen

 Die Geschichte erzählt von zwei Kindern, die auf wundersame Weise auf einem Regenbogen tanzen.

 Instrumentale Musik, z. B. Bolero von Ravell

- Es bietet sich an, die Geschichte im Rahmen eines Projektes „Wetter" vorzulesen:
- Wann und wie entsteht ein Regenbogen?
- Welche Farben hat ein Regenbogen?

- Mit den Kindern eine Wetteruhr basteln
- Mit Gläsern oder Prismen einen Regenbogen entstehen lassen
- Die Kinder malen auf Tapetenrollen einen großen Regenbogen und tanzen anschließend darauf

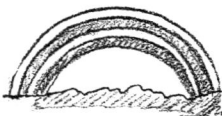

An einem verregneten Frühlingsmorgen öffnet Anika ihre Augen. Der Regen prasselt laut gegen ihr Kinderzimmerfenster. Anika hat sich für heute vorgenommen, draußen zu spielen. Seit Tagen sitzt sie meist drinnen und langweilt sich. Sie spürt den Frühling in sich und möchte in der Natur viel Zeit verbringen. Heute möchte sie ihren kleinen Rucksack packen und mit dem Fahrrad fahren. Unterwegs wird sie sich eine kleine Pause gönnen und ein Picknick machen. Da dies alleine nicht so viel Spaß macht, ruft sie ihren Freund Tim an und fragt ihn, ob er mitkommen möchte. Tim findet die Idee etwas seltsam. Bei diesem Wetter soll er Fahrrad fahren? Aber Anika gibt nicht auf, sie redet auf ihn ein, bis er endlich nachgibt. Anika schlüpft in ihre Regensachen hinein, kämmt sich ihre langen Haare und zieht Gummistiefel an. Ihr kleiner roter Rucksack ist randvoll mit Äpfeln, Keksen, Schokolade, einer Decke und Trinkpäckchen. Anika geht zu ihrer Mutter und sagt ihr, was sie für heute geplant hat. „Bei diesem Wetter willst Du Fahrrad fahren? Na, dann wirst Du patschnass werden", antwortet sie. Doch das ist Anika egal, sie ist nicht wasserscheu. Dick eingemummelt verlässt sie das Haus. Ihr neues Rad ist frisch geputzt, Anika ist sehr stolz darauf. Immer, wenn sie auf ihrem roten Flitzer sitzt, fühlt sie sich gut. *Fühl mal, wie gut sie sich fühlt!* Am großen Nussbaum, gleich hinter der Kirche, trifft sie Tim. Er ruft ihr erleichtert entgegen: „Da bist Du ja endlich, ich bin pitschnass!"

Er ist ihr bester Freund, sie kennen sich aus dem Kindergarten. Die beiden haben zusammen schon viel erlebt, einer von ihnen hat immer eine gute Idee.

Jetzt radeln sie los in Richtung Feld, wo die Wege besonders gut zum Radfahren geeignet sind. An ihrer Lieblingsbank halten sie an, um sich zu stärken. Anika packt Kekse und Trinkpäckchen aus und sagt: „Jetzt müsste nur noch die Sonne scheinen, das wäre toll. Komm, wir pusten einfach die Wolken weg."

Mit dicken Backen pusten und pusten sie, es hilft aber nicht.

„So geht es nicht, Anika, wir müssen etwas anderes probieren. Komm, wir befehlen den Wolken, zu gehen."

Gemeinsam rufen sie laut: „Wolken geht weg, Wolken geht weg, Wolken geht weg!" Es macht Spaß, die Wolken wegzuwünschen und tatsächlich funktioniert es auch. Die dicken, schwarzen Regenwolken ziehen davon. Eine große Lücke entsteht und dahinter sehen sie den blauen Himmel. Während es in der Ferne noch regnet, ist es bei ihnen schon trocken. Ein einzelner Sonnenstrahl kitzelt sie im Gesicht. Da ruft Tim: „Schau mal, da ist ein Regenbogen!" Tatsächlich ist am Himmel ein herrlicher Regenbogen zu sehen. Es sieht wunderschön aus, die beiden schauen gebannt dorthin. *Stell Dir vor, wie schön der Regenbogen ist!*

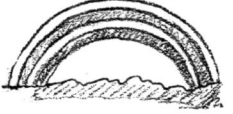

„Ich möchte einmal auf einem Regenbogen tanzen, das wäre mein größter Traum", sagt Anika. Tim nickt bestätigend. Sie sind noch ganz in Gedanken, als plötzlich eine Stimme zu ihnen spricht. Sie kommt direkt aus dem Regenbogen und sagt: „Wenn Ihr zu mir kommen möchtet, dann fasst Euch an den Händen, schließt die Augen und wünscht Euch ganz fest, bei mir zu sein!"

Die beiden tun, was die Stimme sagt. Da werden sie durch die Luft gewirbelt und landen nach einem kurzen Flug weich auf dem Regenbogen. So etwas Schönes haben sie noch nie gesehen. Es ist ganz still hier oben. *Hör mal, wie still es ist!* Still und ganz friedlich. Die Welt ist herrlich bunt. *Sieh mal, wie herrlich bunt alles ist!* Schillernde Farben schwirren vor den Augen der Kinder. Von den Farben geht eine besondere Musik aus. *Hör mal, wie schön die Musik ist!* Die zauberhaften Töne tun so gut. *Stell Dir vor, wie wohltuend die Töne sind!* Die Musik wird immer intensiver. Tim fasst Anika an und beginnt, mit ihr zu tanzen. Sie drehen sich im Kreis, schweben dahin, bewegen sich zu den wunderbaren Klängen der Farben. Sie können gar nicht genug bekommen, sie lachen glücklich und tanzen vor

Freude, bis sie keine Puste mehr haben. *Fühl mal, wie beschwingt sie tanzen!*

Erschöpft lassen sie sich in das weiche Bett des Regenbogens fallen. Der Regenbogen spürt, wie müde die beiden sind und beginnt, leicht zu schaukeln. Sanft schaukelt er hin und her, hin und her. *Fühl mal, wie sanft er sie schaukelt!*

Die Arme und Beine der Kinder sind vom Tanzen ganz müde geworden. *Fühl mal, wie schwer und müde die Beine sind!* Schwer und müde liegen sie auf der bequemen Unterlage. Sie schließen ihre Augen und genießen die sanfte Bewegung. Die Augen werden immer schwerer, schwer und müde, müde und schwer werden sie. *Fühl mal, wie schwer ihre Augen sind!* Jetzt schlafen sie tief und fest.

Als sie wieder wach werden, sitzen sie auf ihrer Lieblingsbank im Feld. Am Himmel strahlt immer noch der Regenbogen.

Sie fahren glücklich nach Hause. Anika's Mutter fragt: „Hallo Kinder, habt ihr den wunderschönen Regenbogen gesehen?"

Die beiden schauen sich lächelnd an und antworten: „Ja, den haben wir gesehen!"

Der Geburtstag im Spieleparadies

 Die Geschichte erzählt von Mascha, die mit ihren Freundinnen eine ganz besondere Geburtstagsfeier erlebt.

 Wenn in der Einrichtung ein Bällebad vorhanden ist, können sich die Kinder während der Vorlesezeit dort hineinlegen. Ansonsten können Bettbezüge und Luftballons gefüllt werden. Die Kinder können sich vorsichtig darauf legen.

 Die Kinder fragen, ob sie ähnliche Geburtstagsfeiern erlebt haben

- Die Kinder können im Anschluss an die Geschichte im Bällebad oder auf den Bettbezügen spielen
- Man könnte mit der Kindergartengruppe ein Spieleparadies besuchen
- Weitere Spielgeräte wie Trampolin, Schaukeltiere etc. könnten aufgebaut werden, um ein eigenes Spieleparadies zu schaffen

Die kleine Mascha ist sehr glücklich, weil sie heute Geburtstag hat. Seit Wochen freut sie sich auf diesen Tag, endlich ist er da! Mascha wird heute 5 Jahre alt. Sie feiert ihren Geburtstag natürlich mit ihren Freundinnen. Theresa, Katrin, Ann-Christine und Kira sind eingeladen. Mascha hat sich von ihren Eltern einen Ausflug in ein überdachtes Spieleparadies gewünscht. Bald ist es so weit, Mama hat einen großen Korb mit Trinksachen, Keksen, Bonbons und Spielen voll gepackt. Jetzt fahren sie mit dem Auto los, um alle Kinder abzuholen. Mascha ist aufgeregt. Sie freut sich, ihre Freundinnen zu sehen. Endlich sind sie am Ziel. Das Spieleparadies ist supertoll. In einer großen Halle gibt es ein Kletterlabyrinth, das sich über drei Etagen erstreckt. Mascha wird als Geburtstagskind besonders herzlich begrüßt. Oben auf dem Balkon steht ihr Geburtstagstisch, der bunt gedeckt ist. Die Kinder können es kaum erwarten, in das Kletterlabyrinth zu kriechen. Doch Maschas Mama möchte zuerst alle Kinder als Indianer schminken, damit man sie besser erkennt. Jetzt sind sie fertig. Mascha bekommt von jedem Kind ein schönes Geschenk – dann dürfen sie sich in das Getümmel stürzen. Die Kinder kriechen durch einen Tunnel in die zweite Etage hinein. Überall sind Hindernisse eingebaut, die sie überwinden müssen. Mascha entdeckt eine Hängebrücke, die zu einer anderen Ebene führt. Sie klettert langsam und vorsichtig hinauf. Es ist sehr anstrengend, ihr wird es sehr warm. *Fühl mal, wie warm es ist!*

Auch die anderen Kinder folgen ihr, jetzt erreicht sie die höhere Etage. Oben warten neue Herausforderungen auf sie. Dicke Bälle versperren den Weg, die Kinder müssen sich an ihnen vorbeiarbeiten, es ist sehr schwierig. Sie sind oben angekommen, noch höher geht es nicht mehr. Durch eine dicke Röhre können sie jetzt nach unten rutschen. Mascha sitzt vorne, Theresa, Katrin, Ann-Christine und Kira folgen ihr. Sie saust los. Schnell gleitet sie durch die dunkle Röhre. Sie rauscht um eine Kurve, ein leichter Windzug weht ihr ins

Gesicht. *Fühl mal, wie sich der Wind anfühlt!* Da landet sie mit Schwung in einem Bällebad. Die anderen Kinder plumpsen alle nacheinander in die Bälle hinein. Sie lachen glücklich und freuen sich über die schönen Spielgeräte. *Hör mal, wie glücklich sie lachen!*

Da ruft Maschas Mama die Kinder zum Geburtstagstisch. Es gibt Pommes und Würstchen, dazu bekommt jedes Kind Limonade. Nachdem sie sich gestärkt haben, spielen sie Topfschlagen und Blindekuh. Zum Nachtisch gibt es ein Eis. Die Kinder spielen noch lange Zeit in dem riesigen Labyrinth. Es gibt überall neue Dinge zu entdecken. Die Kinder bewegen sich und schwitzen. Sie sind ganz warm. *Fühl mal, wie warm sie sind!*

Schnell geht die Zeit vorbei und die Kinder müssen wieder nach Hause fahren. Es war eine tolle Feier, alle haben viel Spaß gehabt! Zum Abschied hat jedes Kind ein Geschenk bekommen. Im Auto kichern sie zuerst noch herum, doch nach und nach werden sie immer ruhiger. Alle sind vom Spielen ganz müde geworden. Ihre Beine sind schwer, schwer und müde. Auch ihre Arme sind von den vielen Anstrengungen ganz schwer. *Fühl mal, wie schwer und müde sie sind!*

Sie schließen ihre Augen und genießen das monotone Fahrgeräusch des Autos. „Brumm-brumm, brumm-brumm" macht es. Als sie zu Hause ankommen, schlafen alle Kinder tief und fest. Im Traum rutschen sie gerade wieder durch die dicke Röhre.

Der Rabe Ratzeputz

 Die Geschichte erzählt von dem kleinen Raben Ratzeputz, der lernen muss, für sich selbst zu sorgen.

 Was könnt ihr schon alleine? Wobei müssen die Eltern noch helfen?

 Es werden verschiedene Aufgaben gestellt, z. B. die Vorbereitung des Frühstückstisches für ein gemeinsames Frühstück. Das hilft Kindern, Selbstständigkeit zu erlernen, und fördert das Selbstbewusstsein (Lob).

Ratzeputz ist ein kleiner Rabe. Seinen Namen hat er bekommen, weil er sein Essen immer ratzeputz aufisst. Ratzeputz hat ständig Hunger. Seine Mutter muss viel Nahrung für ihn zusammensuchen, damit der kleine Piepmatz satt wird. An einem herrlichen Tag sagt sie zu ihm: „Kleiner Rabe, Du bist nun alt genug, alleine für Dich zu sorgen. Fliege hinaus in die weite Welt und lebe dein Leben. Wenn Du mich sehen möchtest, kannst Du mich natürlich jederzeit besuchen.“

Zuerst ist Ratzeputz ein wenig traurig. Ist er schon erwachsen? Wird er alleine zurechtkommen? Doch Mama sieht ihn entschlossen an – er weiß, dass es keinen Zweck hat, zu diskutieren. Also fliegt er los. Ratzeputz fühlt sich gut, die Sonnenstrahlen kitzeln ihn an den Federn und die Wärme fühlt sich sehr angenehm an. Der Himmel ist strahlendblau, ein guter Tag, auf Abenteuersuche zu gehen. Seine Flügel halten ihn hoch oben in der Luft, der Wind weht ihm leicht ins Gesicht. Es ist ein schönes Gefühl, so leicht zu schweben. *Fühl mal, wie leicht er schwebt!* Fast schwerelos gleitet er dahin. *Fühl doch mal, wie leicht er ist!*

Plötzlich knurrt es in seinem Magen – er hat wieder Hunger. Hier und da findet er ein paar Insekten, die er gierig herunterschlingt. Doch so richtig satt wird er davon nicht. Schade, dass Mama ihm jetzt nichts in den Schnabel stopft. Was soll er tun? Oh, was ist das? Tief unten sieht er ein Haus mit einem Garten. Dort sitzt eine Frau, die ein Brot schneidet. Er sieht, dass ein paar Krümel auf den Boden fallen. Hm, Brot ist lecker. Ratzeputz wartet darauf, dass die Frau ins Haus geht, dann wird er sich die Krümel holen. Jetzt ist sie weg.

Schnell fliegt der Rabe hinunter und stürzt sich auf die Krümel. Die Frau hat genau gemerkt, dass der Rabe gelandet ist – sie freut sich sehr darüber. Etwas versteckt beobachtet sie, wie Ratzeputz die Krümel gierig aufpickt. Ratzeputz fliegt auf einen nahen Baum und wartet geduldig auf weitere Krümel. Die Frau bricht eine Scheibe Brot in Stücke und legt sie auf die Erde.

Ratzeputz möchte sie gerne sofort aufessen, doch er hat Angst. Wird sie ihm auch kein Leid antun? Oder ihn sogar einfangen? Soll er es wagen? Ratzeputz macht sich selber Mut: „Du kannst es schaffen, Du musst es nur wirklich wollen!" Er atmet tief ein und aus – und stürzt sich in die Tiefe. Der Hunger treibt ihn zu den köstlichen Brotstücken hin. Dankbar sieht er die Frau an. Sie lächelt glücklich zu dem kleinen Raben hinüber. Schnell schließen die beiden Freundschaft.

Ratzeputz besucht sie regelmäßig, immer liegen ein paar Brocken Futter für ihn im Garten. Wenn die Frau einmal nichts vorbereitet hat, klopft er mit seinem spitzen Schnabel an ihre Fensterscheibe. Das heißt dann: „Poch, poch, poch, ich bin da!" Die Frau holt sofort Futter für ihren immer hungrigen Freund. Sie mag den schwarzen Vogel mit den glänzenden Federn gerne und freut sich sehr, ihn zu sehen. Wenn Ratzeputz richtig satt ist, setzt er sich zu einem Schläfchen in den uralten Baum, den er so liebt und steckt seinen Kopf unter die Flügel. Auf einem der dünnen Äste schaukelt er sanft hin und her, hin und her. Das ist sehr angenehm. *Fühl mal, wie angenehm es ist!*

Die vielen Blätter des alten Baumes rascheln leicht im Wind. *Hör mal, wie sanft sie rascheln!*

Er fühlt sich ganz warm an, sein ganzer Bauch ist warm. *Fühl mal, wie warm der Bauch ist!*

Seine Flügel hängen schwer herunter, ganz schwer, angenehm schwer. *Fühl mal, wie schwer und warm seine Flügel sind!*

Er kuschelt sich ein und schließt seine kleinen Rabenaugen. Angenehm warm und schwer sinkt er in einen tiefen Schlaf. Dann träumt er von leckeren Köstlichkeiten und ist froh, ein Rabe zu sein.

Ferien am Strand

 Die Geschichte erzählt von einem Jungen, der einen wunderschönen Strandurlaub in Spanien erlebt.

- Muscheln, Sand, Wasser dekorieren
- Leise Hintergrundmusik, z. B. Meeresrauschen

 Mit den Kindern über Urlaubserlebnisse sprechen:
- Wie fühlt sich der Sand an?
- Wie hat das Meer geschmeckt?
- Wie war die Anreise?

- Eine Muschel herumreichen und die Kinder das Meer hören lassen
- Sandbilder anfertigen
- Bilder vom Urlaub malen

Es ist Sommer, die Ferien haben gerade begonnen und viele Menschen fahren in Urlaub. Draußen ist alles üppig grün, die Blumen blühen in den prächtigsten Farben. Es riecht nach Sommer. *Riech mal, wie gut es riecht!*

Der kleine Jan hat zum ersten Mal ein Zeugnis bekommen. Er ist froh, dass die Schule für 6 Wochen geschlossen ist. Gemeinsam mit seinen Eltern fährt er in Urlaub. Genau gesagt fliegt er mit dem Flugzeug nach Spanien. Früh morgens stehen sie auf, packen die letzten Sachen in den Koffer und machen sich auf den Weg zum Flughafen. Jan hat sich schon lange auf diesen Tag gefreut, er ist aufgeregt. *Fühl mal, wie aufgeregt er ist!* Am Flughafen suchen sie zuerst den richtigen Schalter. Dort werden die Flugtickets überprüft und das Gepäck wird gewogen. Jetzt werden die Koffer auf ein Fließband gelegt und weggefahren. Ob sie auch in das richtige Flugzeug gelangen? Jan hat seine Bordkarte bekommen. Er sitzt in Reihe 3, direkt am Fenster. Seine Eltern sitzen neben ihm. Nun haben sie noch Zeit, im Flughafen einzukaufen und etwas zu trinken. Da kommt ihr Aufruf, sie dürfen in das Flugzeug einsteigen. Jan ist froh, dass er den Fensterplatz hat. Der Start ist sehr aufregend, es kitzelt im Bauch. Das Flugzeug steigt ganz steil in die Luft, immer höher und höher. Die Häuser auf der Erde sehen ganz klein aus, jetzt fliegt das Flugzeug über den Wolken. Zwei Stunden später landen sie in Spanien, wieder kitzelt es im Bauch. Draußen ist es sehr warm. Der Himmel ist strahlendblau und die Sonne scheint. *Fühl mal, wie warm es ist!* Die Sonnenstrahlen sind sehr angenehm, so wohlig warm.

Mit dem Bus fahren Jan und seine Eltern zum Hotel. Jan freut sich riesig auf das Meer und den Strand. An der Rezeption bekommen sie den Zimmerschlüssel – endlich sind sie am Ziel. Ihr Zimmer ist groß und freundlich eingerichtet. Jan hat ein eigenes gemütliches Bett. Jetzt darf er an den Strand gehen, er hat sein Sandspielzeug selbst eingepackt. Das Meer sieht wunderschön aus, es ist ganz blau.

Sanft rollen die Wellen an den weißen Strand und wieder zurück – ganz von selbst. Der Sand fühlt sich warm an. *Fühl mal, wie warm der Sand ist!* Wie verzaubert schaut Jan auf das Meer. So viel Wasser hat er noch nie zuvor gesehen. Er spielt im Sand, baut Burgen, Sandkuchen und Sandtiere. Er genießt es, den weichen Sand zu fühlen. *Stell Dir vor, wie weich der Sand ist!* Dann sucht er sich einen schönen Platz. Er legt sich in den warmen und weichen Sand, lässt ihn durch seine Finger rieseln und freut sich, an diesen schönen Ort zu sein. Jan schließt die Augen, er hört dem Rauschen der Wellen zu, die ganz leicht an den Strand rollen und wieder zurückgleiten. Die Sonnenstrahlen streicheln seine Haut, es ist ganz warm. *Fühl mal, wie angenehm warm es ist!* Ein leichter Wind haucht frische Meeresluft zu ihm.

Jan atmet die frische Meeresluft ein, wie von selbst atmet er ein und aus, ein und aus. Seine Lippen schmecken leicht salzig. *Probier mal, wie salzig die Lippen schmecken!* Von Ferne hört er Möwen kreischen. Jan stellt sich vor, leicht wie ein Vogel über das blaue Wasser fliegen zu können. Der Wind trägt ihn, es ist ganz leicht. *Fühl mal, wie leicht es ist!* Seine Augen sind von den Anstrengungen des Tages ganz schwer und müde geworden. *Fühl mal, wie schwer und müde seine Augen sind!* Sein ganzer Körper ist jetzt schwer, schwer und warm, warm und schwer. Die Sonnenstrahlen wärmen ihn überall, sie scheinen bis in sein Herz hinein. Der Wärmestrom breitet sich im Bauch aus, zieht über die Brust, den Rücken, die Arme, die Beine bis in die Füße. Sein ganzer Körper ist angenehm warm. Er sinkt immer tiefer in den weichen Sand hinein, fühlt sich wohl und geborgen. Dann träumt er von den schönen Urlaubstagen, die noch vor ihm liegen.

Ein Weihnachtstraum

 Die Geschichte erzählt von der kleinen Nele, die dem Christkind einen Brief schreibt und einen wunderschönen Heiligen Abend erlebt.

 • Weihnachtsduftöl, Kerzen, Adventskranz, Lichterketten, instrumentale Weihnachtsmusik

 • Mit den Kindern über ihre Weihnachtswünsche sprechen
• Warum beschenkt man sich zu Weihnachten?

 Die Kinder malen ihren Wunschzettel und legen ihn auf einen Wunschtisch. Es bietet sich an, die Zettel über Nacht verschwinden zu lassen und eine Goldspur auf den Tisch zu streuen, damit die Kinder sehen, dass ein Engelein sie abgeholt hat. Nach Weihnachten können die Kinder berichten, welche Wünsche erfüllt wurden.

Nele hat heute schon früh um sieben Uhr einen Wunschbrief an das Christkind geschrieben. Sie hat sich sehr viel Mühe mit dem Brief gemacht und sogar gedichtet:

Liebes Christkind,

bitte bring mir ein paar Tassen,

meine hab ich fallen lassen.

Bring mir auch ein Badewännchen,

für die Puppe, sie heißt Ännchen.

Bring mir Puppenkleider und

Mach das Ännchen mir gesund.

Danke, Deine Nele!

Den Brief hat sie in einen Umschlag gesteckt und auf die Fensterbank gelegt. Von ihrer Mutter weiß sie, dass die Weihnachtsengel jetzt umherfliegen und die vielen Briefe einsammeln. Als es dunkel wird, ist der Brief plötzlich verschwunden. Ein kleines Hilfsengelchen hat ihn ganz still und heimlich vom Fensterbrett weggenommen. Nele ist eingenickt. Sie hat nicht gemerkt, dass ein Engelchen bei ihr am Fenster war. Jetzt ist sie aufgeregt. Ihre Puppe Ännchen ist auch weg. In einem großen Ballon werden die vielen Briefe zum Himmel transportiert. Der alte Petrus muss die Briefe lesen und an die richtigen Abteilungen weiterleiten. Da gibt es eine Schreinerei, eine Näherei, eine Puppenwerkstatt, eine Töpferei, eine Bäckerei und viele andere Bereiche.

Überall wird hart gearbeitet, denn bis Weihnachten ist noch sehr viel zu tun. Die kleinen Bäckerengel haben schon Tausende Kekse gebacken, damit jedes Kind am Heiligen Abend einen Teller mit Keksen unter dem Tannenbaum findet. In der Himmelsschreinerei wird ständig Holz herbeigeschleppt und zu den schönsten Spielsachen verarbeitet. Die Engelchen bauen Kaufläden, Puppenhäuser, Ritterburgen und viele andere tolle Sachen für die Kinder. *Stell Dir vor, was sie sonst noch alles bauen!*

In der Puppenwerkstatt sind alle Engelchen mit den schönsten Puppen beschäftigt. Neles Puppe steht auch dort im Regal, noch fehlt ihr ein Ärmchen. Schon bald wird sie repariert und neu gekleidet.

Es werden auch Teddybären wieder ganz gemacht oder neu hergestellt. Das Rattern der Nähmaschinen ist sehr beruhigend. *Hör mal, wie beruhigend es ist!*

Viele Kinder haben sich eine Eisenbahn gewünscht. Die Engelchen schauen einmal durch die Wolken auf die Erde herab, um sich eine moderne Eisenbahn anzusehen. So also sieht eine Lok aus!

Tag und Nacht arbeiten die kleinen Engel, um die vielen Wünsche zu erfüllen. Das ist anstrengend, sie sind müde. *Fühl mal, wie müde sie sind!*

Endlich ist es so weit. Die Geschenke werden bunt verpackt und in Luftballons geladen. Fertig, los, die Ballons starten vom Wolkenflugplatz aus in Richtung Erde. Sie schweben ganz sanft ihrem Ziel entgegen. *Fühl mal, wie sanft und leicht sie schweben!* Es ist schön, so leicht zu sein.

Unten wartet das Christkind auf die vielen Geschenke, die es jetzt verteilen muss. Die Menschen freuen sich seit Wochen auf den Heiligen Abend. Sie haben ihre Wohnungen geschmückt und einen Tannenbaum in die gute Stube gestellt. Überall sind Kerzen angezündet, damit das Christkind den Weg findet. Es riecht nach Anis, Zimt und Lebkuchen. *Riech mal, wie weihnachtlich es riecht!*

Nele freut sich wie verrückt auf die Bescherung. Ihre Mama hat das Weihnachtszimmer abgeschlossen, damit das Christkind nicht gestört wird.

Nach der Weihnachtsmesse darf Nele endlich in das Zimmer hinein. Sie hat ein schönes Kleidchen an und trägt im Haar eine große Schleife. Mama öffnet die Tür. Ein wunderschön geschmückter Tannenbaum steht mitten im Raum. Hell erstrahlen die Kerzen. Unter dem Baum steht eine Puppenbadewanne, daneben sitzt ihr Ännchen. Sie ist wieder ganz gesund und hat neue Sachen an. Das Christkind hat neue Tassen für Nele gebracht und dazu noch einen Schrank mit Puppenkleidern und auch einen Teller mit köstlichen Keksen. Nele ist begeistert, sie könnte vor Freude weinen. „Danke, liebes Christkind!", sagt sie still.

Den ganzen Abend spielt sie mit ihren neuen Sachen. Jetzt ist sie plötzlich ganz müde. *Fühl mal, wie müde sie ist!*

Glücklich liegt sie in ihrem weichen Bett. *Stell Dir vor, wie glücklich sie ist!*

Ihre Arme und Beine sind ganz schwer. *Fühl mal, wie schwer ihre Arme und Beine sind!* Schwer und müde, müde und schwer sind sie. Unter dem weichen Federbett ist es kuschelig warm, angenehm warm. *Fühl mal, wie kuschelig warm es ist!*

Die Wärme dehnt sich in ihrem ganzen Körper aus. Alles ist warm und schwer. Nele schläft ein, im Traum erlebt sie den wunderschönen Abend noch einmal.

Der fleißige Schutzengel

Die Geschichte erzählt von dem Schutzengel Benjamin, der jede Menge Arbeit mit seinem Schützling Marc hat.

- Was sind Schutzengel?
- Habt ihr schon einmal einen Schutzengel gebraucht?

Jedes Kind bastelt einen Schutzengel für jemanden, den es lieb hat und der beschützt werden soll.

Benjamin ist ein Schutzengel, der oben im Himmel, direkt hinter Wolke 7, wohnt. Bis vor kurzem hat er die Engelschule besucht, wo er zum Schutzengel ausgebildet wurde. Dabei hat er alle Tricks und Kniffe erlernt, die ihm helfen, seinen Schützling zu behüten. Jetzt ist er für seinen Einsatz auf der Erde bestens vorbereitet.
Der Oberengel Gabriel wird ihm bald ein Flugticket zur Erde überreichen, dann wird es für Benjamin ernst. Benjamin freut sich schon darauf, die Erde kennen zu lernen. An einem wunderschönen Tag wird Benjamin zu Gabriel gerufen. Feierlich übergibt Gabriel ihm seinen ersten Einsatzbefehl und sagt: „Benjamin, Dein großer Tag

ist gekommen. Du erhältst Deinen ersten Auftrag. Deine zukünftige Aufgabe wird es sein, einen kleinen Jungen zu beschützen, der immerzu Dummheiten macht und dadurch ständig in Gefahr ist. Der Bursche heißt Marc, er ist 6 Jahre alt. Gib gut auf ihn acht, er ist schneller, als Du vielleicht denkst. Gehe nun zum Wolkenflughafen. Ich wünsche Dir einen guten Flug und eine schöne Zeit auf der Erde. Du wirst wieder von uns hören."

Benjamin ist aufgeregt, jetzt geht es endlich los. Am Wolkenflughafen ist viel Betrieb, Hunderte Engel warten dort auf ihren Abflug. Zum Glück wird Benjamin nach kurzer Zeit zum Flugzeug zitiert. Jetzt ist er auf der Erde gelandet. Benjamin schaut sich neugierig um, alles ist fremd für ihn. Die Menschen können ihn nicht sehen, weil Engel für sie unsichtbar sind. Benjamin macht sich auf die Suche nach seinem Schützling, der gerade im Kindergarten spielt. Da ist er ja! Marc spielt mit seinen Freunden Fußball, er steht im Tor und muss die Bälle halten. Ein fester Schuss bringt den Ball genau in die Richtung von Marcs Kopf. Schnell schmeißt sich Benjamin dazwischen und schafft es nur knapp, den Ball abzufangen. Das war aufregend, Benjamin ist es ganz warm. *Fühl mal, wie warm es ihm ist!* Während er noch über seine letzte Aktion nachdenkt, ist Marc bereits zum Sandkasten weitergelaufen. Dort hat er viele schöne Sandspielsachen entdeckt. Benjamin geht ihm nach. Für einige Minuten beschäftigt sich Marc ruhig und gefahrlos. Plötzlich taucht von hinten ein anderes Kind auf, das auch im Sandkasten spielen möchte. Die beiden beginnen, um die Spielzeuge zu zanken. Sie schubsen sich hin und her, hin und her. Da verliert Marc das Gleichgewicht und fällt nach hinten. Die Kante des Sandkastens kommt immer näher, gleich wird er mit dem Rücken darauf fallen und sich mächtig weh tun. So schnell er kann, springt Benjamin in die Gefahrenzone und fängt Marc im allerletzten Moment sanft auf. Marc ist schwer, Benjamin muss sich sehr anstrengen, es wird ihm ganz warm, sehr

warm! *Fühl mal, wie warm es ihm ist!* Wieder ist es gut gegangen. Marc landet weich im Sand. Er hat gar nicht gemerkt, dass er in Gefahr war.

Der Kindergarten ist zu Ende, Marc wird von seiner Oma abgeholt, die ganz in der Nähe des Kindergartens wohnt. Sie müssen nur über die Straße gehen, dann sind sie da. Marc albert herum, er erzählt seiner Oma, was er heute alles unternommen hat. Da läuft er einfach über die Straße, ohne auf Autos zu achten. Benjamin sieht von links ein Auto kommen, das sich schnell nähert. Die Oma ruft verzweifelt: „Marc, bleib stehen! Autoooo !!!" Die Bremsen des Autos quietschen laut. Benjamin zerrt Marc an seiner Jacke zurück, das Auto rauscht an ihm vorbei, es ist nichts passiert. Die Oma schimpft mit Marc, doch dann drückt sie ihn ganz fest. Nach dem Mittagessen darf Marc das Kinderprogramm im Fernsehen anschauen. Dabei schläft er ein.

Auch Benjamin ist müde geworden. Er ist es noch nicht gewöhnt, so konzentriert aufzupassen. Seine Arme und Beine sind ganz schwer, schwer und müde. *Fühl mal, wie schwer und müde seine Arme und Beine sind!* Er kuschelt sich neben Marc auf die Couch und schlüpft unter die warme Decke. Es ist ganz warm und weich, angenehm warm. *Fühl mal, wie warm es ist!* Seine Augen werden immer schwerer, er schließt seine Augen, weil sie so schwer sind. Die beiden schlafen tief und fest ein. Für beide war es ein anstrengender Vormittag. Wer weiß, was der Tag noch bringt? Sicher werden sie noch viele Abenteuer gemeinsam erleben.

Fips, der kleine Hase

 Die Geschichte erzählt von dem kleinen Hasen Fips, der von einem Jagdhund gefangen wird.

- Hasenfamilie in Hasengrube
- Hund

- Mit den Kindern darüber reden, dass es für die Tiere im Wald und auf dem Feld gefährlich ist, wenn man einen Hund nicht anleint
- Darauf eingehen, dass Tiere im Wald ihre Ruhe brauchen, besonders wenn sie Nachwuchs haben
- Die Kinder fragen, ob sie auch schon mal Angst, z. B. vor Hunden, hatten

 Rollenspiel: Was kann passieren, wenn ein Hund nicht angeleint ist?

An einem eiskalten Wintertag liegt der kleine Hase Fips, so eng er nur kann, an seine Mutter gekuschelt im Schnee. Hasen leben immer draußen, sie bauen keine Höhlen, wie etwa Kaninchen es tun. Nein, sie leben in einer Erdkuhle, die Sasse genant wird. Fips ist froh, dass er sich an seine große, warme Mutter ankuscheln kann. *Stell Dir vor, wie kuschelig warm die Hasenmutter ist!*

Das Feld und der nahe Wald sind weiß, überall liegt frischer Schnee. Es sieht wie gepudert aus, wunderschön. Ein schöner Wintertag steht bevor. Fips sieht der Schönheit dieses Wintertages mit gemischten Gefühlen entgegen. Er kennt noch keinen Schnee und es ist ihm deshalb etwas mulmig zumute. Während seine Geschwister toben und Spaß haben, bleibt er lieber bei seiner Mama liegen. Die Sonnenstrahlen, die vom tiefblauen Himmel auf ihn herabscheinen, kitzeln ihn an der Nase. *Stell Dir vor, wie lustig die Sonnenstrahlen kitzeln!* Von fern her hört Fips einen Hund bellen. Seine Mutter spitzt die großen Hasenohren, weil auch sie das Gebell hört. Für Hasen sind Hunde sehr gefährlich, deshalb hat sie Angst um ihre Kinder. Durch die weiße Winterwelt geht ein Mädchen mit ihrem Hund spazieren. Es ist ein Jagdhund, der auf den Namen Ingo hört. Die beiden genießen den herrlichen Wintertag, die klare Luft, den blauen Himmel und das Knirschen des frischen Schnees unter den Füßen. *Stell Dir vor, wie der Schnee knirscht!* Der Schnee ist noch unberührt, bisher ist kein Mensch diesen Weg gegangen. Das Mädchen lässt den Hund von der Leine, damit er sich austoben kann. Er ist sehr lieb und anhänglich, rennt aber gerne frei herum. Das Mädchen macht sich keine Gedanken darüber, dass der Hund weglaufen könnte. Alles ist so still und friedlich. *Hör mal, wie still es ist!* So kommen sie immer näher an die Hasenfamilie heran, ohne es zu wissen. Fips merkt, wie angespannt seine Mutter ist. Irgendetwas stimmt nicht. Ob es wohl mit dem Gebell zu tun hat? Der Hund muss ganz in der Nähe sein. Fips fürchtet sich. Seine Mutter drängt ihn aus der Sasse heraus, die Familie soll sich verstecken. Fips versteht nicht so recht, wohin er gehen soll, seine Geschwister sind vorgelaufen, er kann sie nicht mehr sehen. Die Hasenmutter läuft den anderen Hasenkindern nach, sie ruft nach Fips, doch der kann vor lauter Angst nicht gehen. Die Mutter beschließt, die anderen Kinder zu verstecken und danach Fips zu holen. So kommt es, dass Fips für kurze Zeit ganz alleine ist.

Plötzlich rennt der Hund direkt auf ihn zu. Er ist groß und braun, seine Augen leuchten – der Jagdtrieb hat ihn erfasst. Riesige, weiße Zähne leuchten in seinem Maul, Fips zittert vor Angst. Er weiß sich keinen anderen Rat mehr, als einfach zu rennen. Fips rennt um sein Leben, er schlägt einen Haken und schafft es irgendwie, den Hund abzuhängen. Doch nach kurzer Zeit hat ihn das Tier wieder eingeholt. Fips hört eine Menschenstimme rufen. Auch der Hund hört sie und hält kurz an. Das Mädchen versucht verzweifelt, den Hund zu fangen – aber vergebens. Fips ist außer Puste, sein Herzchen schlägt ganz schnell. *Fühl mal, wie schnell sein Herzchen schlägt!* Er ist jetzt am See angekommen. Eisschollen treiben auf dem eiskalten Wasser. Wo soll er nur hin? Er hat große Angst. Vor lauter Angst ist es ihm ganz warm geworden. *Fühl mal, wie warm es ihm ist!*

Fips nimmt allen Mut zusammen und springt auf die Eisscholle, die gerade vor ihm treibt. Jetzt kann er nur hoffen, dass der Hund ihm nicht folgt. Doch der Jagdtrieb ist so stark, dass der Hund gar nicht an das Wasser denkt. Er springt – und landet direkt neben Fips. „Jetzt ist es aus", denkt Fips. Das riesige Maul ist direkt über ihm, Fips riecht den Atem des Hundes. Da umschließen weiche, warme Lippen seinen Nacken. Er schließt die Augen und wartet auf die Zähne. Doch der Hund fasst ihn nur sanft an und bringt Fips zu dem Mädchen. Der Hund legt Fips genau vor die Füße des Kindes. Bisher ist ihm nichts geschehen. Schnell leint das Mädchen den Hund an, Fips sitzt immer noch an der gleichen Stelle. Er kann sich nicht bewegen. Das Mädchen geht mit dem Hund weg, Fips bleibt alleine zurück. Die Gefahr ist vorbei. Fips kann gar nicht glauben, dass er noch lebt. Sein Herz schlägt wieder ruhiger, es wird ganz ruhig. Da kommt die Hasenmutter. Sie hat alles von dem Versteck aus gesehen, konnte ihm aber nicht helfen. Sie tröstet ihn und nimmt ihn mit zu den anderen Hasenkindern. Fips kuschelt sich erschöpft an die Mutter an. Er ist ganz müde. *Fühl mal, wie müde er ist!* Schwer und müde liegt er neben seiner Mutter. Seine Beine sind ganz schwer. *Fühl mal, wie schwer und müde seine Beine sind!* Sein ganzer Körper ist schwer. Er will nur noch ausruhen. Fips schließt seine schweren Augen und fällt in einen tiefen Schlaf. Viele Jahre später wird er sich an diesen Tag noch erinnern können – doch für heute ist es genug!

Großer Bär auf Büffeljagd

Die Geschichte erzählt von dem Indianerjungen „Großer Bär", der zum ersten Mal an einer aufregenden Büffeljagd teilnimmt.

- Tipi aufbauen
- Feuerstelle aus Holz und Lichterketten bauen
- Kinder tragen Indianerkleidung, Kopfschmuck, Armbänder etc.
- Kinder suchen sich einen Indianernamen aus

Es bietet sich an, die Geschichte im Rahmen eines Projektes „Indianer" vorzulesen.
- Wie und wo haben Indianer früher gelebt?
- Welche Einstellung haben sie zur Natur?
- Welche Stämme gab es?
- Wie leben die Indianer heute?

- Indianeroutfit mit den Kindern basteln
- Feste Rituale einüben, z. B. im Schlusskreis die Friedenspfeife rauchen
- Im Außengelände Indianerspiele veranstalten, z. B. Bogenschießen, Lassowerfen
- Selbstbewusstsein stärken: jeder Indianer bekommt ein Amulett für die Tapferkeit

Amerika ist das Land der Indianer. Es ist ein großes Land, in dem viele verschiedene Stämme zu Hause sind. Vor vielen Jahren kamen die Weißen nach Amerika und nahmen den Indianern nach und nach ihr Land ab. Sie sperrten die Menschen in Reservate ein, raubten ihnen ihre Freiheit und ihren Stolz. Die Indianer kämpften verbittert gegen die weißen Soldaten, doch sie hatten keine Chance gegen deren Waffen. So mussten sie sich mit ihrem Schicksal abfinden. Seither leiden die Indianer sehr, weil sie nie wieder so leben können, wie früher.

Zum Glück gibt es immer noch Indianerstämme, die ihre Traditionen und ihr Wissen behalten haben, so z. B. die Navaho Indianer. Sie leben im amerikanischen Südwesten, in einem Land von besonderer Schönheit. Abends sitzen sie oft unter dem Sternenzelt am Lagerfeuer und erzählen ihren Kindern Geschichten aus der alten Zeit. Besonders gerne hören sie die Geschichte von dem tapferen Indianerjungen „Big Bear", was übersetzt „großer Bär" heißt.

Großer Bär ist 12 Jahre alt und groß gewachsen. Schon als Baby war er länger als alle anderen Babys, deshalb bekam er diesen Namen. Großer Bär ist ein netter Junge. Jeden Tag hilft er seiner Mutter, das Zelt zu säubern, holt Brennholz und putzt die Pferde. Er kann sehr gut reiten. Mit einem Satz sitzt er perfekt auf seinem Pferd, einen Sattel braucht er nicht. Er trägt einen kurzen Lederrock und ein Stirnband mit einer Feder daran. Seine Beine und sein Oberkörper sind nackt und von der Sonne rotbraun. Im Gesicht und an den Armen ist er in den Stammesfarben geschminkt. Sein langes, schwarzes Haar trägt er offen, es hängt schwer über seinen Schultern. Eines Tages wird er zum Häuptling seines Stammes gerufen. Großer Bär ist aufgeregt, was wird der Stammeschef ihm wohl sagen? *Fühl mal, wie aufgeregt er ist!* Er betritt das größte und schönste Zelt des Dorfes, der Häuptling nickt ihm freundlich zu und bittet ihn, sich zu setzen. Dann sagt er: „Großer Bär, Du bist nun 12 Sommer alt. Es wird

Zeit, dass Du ein richtiger Mann wirst. Die Zeit ist gekommen, in der Du Deine Stärke zeigen sollst. Der nächste Winter kündigt sich an, die Sonnenstunden werden weniger und schon bald müssen wir wieder Felle tragen, damit wir nicht frieren. Die großen Büffelherden ziehen heran und wir müssen auf die Jagd gehen. Wir nehmen nur so viele Tiere, wie wir brauchen und danken ihnen dafür, dass sie uns ihr Leben schenken. Das Fleisch trocknen wir, aus den Häuten machen wir Zelte, Decken und Kleidung. Es ist eine große Ehre für jeden Jäger, bei der Jagd dabei zu sein. Du, Großer Bär, wirst uns bei der nächsten Jagd begleiten. Du sollst Deinen ersten Büffel erlegen und Deinem Stamm Ehre und Freude bereiten. Mache Dich bereit für den großen Tag, gehe in Dich und bitte den großen Manitu um Kraft. Trainiere täglich mit Deinem Speer, er wird Deine einzige Waffe sein. Gehe nun und bereite Dich vor!"

Großer Bär ist sehr glücklich, weil er schon bald auf die Jagd gehen darf. *Fühl mal, wie glücklich er ist!* Er ist sehr stolz. Großer Bär atmet tief ein und genießt die klare Luft. *Riech mal, wie klar die Luft ist!* Mit Freude folgt er dem Rat, den der Häuptling ihm gegeben hat. Als der große Tag anbricht, ist er gut vorbereitet.

Großer Bär hat sich sorgfältig mit den Farben der Jagd geschminkt, rot für das Blut, braun für die Erde. Sein Pferd hat er getränkt und gefüttert, sein Speer ist geschärft. Er lässt sich von seiner Mutter Glück wünschen und folgt den Männern zur Opferstelle. Sie haben ein großes Feuer gemacht und wichtige Kräuter hineingegeben. Dies ist ein Opfer für die Jagdgötter. Sie bitten den großen Manitu um Glück und Erfolg. Jetzt reiten sie los. Großer Bär ist sehr aufgeregt. *Fühl mal, wie aufgeregt er ist!* Er reitet an der Seite des Häuptlings. Es ist sein großer Tag! Sie sind schon viele Stunden unterwegs, als ein Späher plötzlich Büffel erblickt. Eine riesige Herde zieht ganz langsam durch die karge Landschaft, den üppigen Futtergebieten entgegen. Die Männer formieren sich wie besprochen und reiten auf

Befehl des Häuptlings hin in schnellem Galopp auf die Herde zu. Die Büffel spüren die Gefahr und bewegen sich schneller, jetzt laufen sie. Dicke Staubwolken werden aufgewirbelt, laut dröhnt das Trampeln der Tiere auf dem trockenen Boden. *Hör mal, wie laut es ist!* Großer Bär sieht kaum etwas – er ist allein. Die anderen sind alle weit weg von ihm. Er kommt immer näher an die riesigen Tiere heran, es ist warm. *Fühl mal, wie warm es ist!* Er ist aufgeregt, seine erste Jagd beginnt. Der Geruch der Tiere liegt in der Luft. *Riech mal, wie intensiv sie riechen!* Plötzlich taucht direkt neben ihm ein riesiger Büffel auf. Sie sehen sich direkt in die Augen. Das Tier spürt die Gefahr. Großer Bär weiß, dass er jetzt handeln muss. Er zögert noch, dann fallen ihm die Worte des Häuptlings ein. Er dankt dem Tier für das Leben und wirft mit sehr viel Kraft seinen Speer. Der Büffel fällt zu Boden, er ist sofort tot. Großer Bär schreit. Es ist ein Schrei des Triumphes, der Erleichterung. *Hör mal, wie laut er schreit!*

Die anderen wissen nun, dass er seine Aufgabe erfüllt hat. *Fühl mal, wie erleichtert er ist!* Die Jagd ist vorbei, die Indianer sind glücklich. Sie haben nur so viele Tiere erlegt, wie nötig. Nun ist die Nahrung für den langen bevorstehenden Winter gesichert. Davon hängt ihr Überleben ab. Sie danken ihrem Manitu für die gute Jagd. Großer Bär hat den größten Büffel von allen erlegt.

Zu Hause warten die Frauen gespannt auf die Jäger. Sie haben ein gutes Essen zubereitet und ein Nachtfeuer gemacht. Diesen Tag wird Großer Bär niemals vergessen. Er wird als Held gefeiert und gehört ab heute zu den Männern. Er ist sehr stolz. Zur Belohnung schenkt der Häuptling ihm ein Amulett. Großer Bär trägt es mit Freude.

Als er endlich in seinem Bett liegt, spürt er, wie müde er ist, müde und schwer. *Fühl mal, wie müde und schwer er ist!* Er ist ganz ruhig. Der Tag war anstrengend. Seine Arme und Beine sind schwer, ganz schwer. *Fühl mal, wie schwer seine Arme und Beine sind!* Auch sein Oberkörper ist schwer, schwer und ganz warm. *Fühl mal, wie warm sein Oberkörper ist!* Er ist müde, ganz schwer und müde. *Fühl mal, wie müde er ist!* Großer Bär schließt die schweren Augen und schläft tief und fest ein. Im Traum erlebt er den Tag noch mal. Er wird einmal ein berühmter Jäger werden, doch jetzt muss er ausruhen, so wie Du!

Hannibal im Supermarkt

 Die Geschichte erzählt von dem Hamster Hannibal, der im Supermarkt für Aufregung sorgt.

- Die Kinder nach eigenen Haustieren fragen
- Über das Wesen der verschiedenen Tiere und den Umgang mit ihnen sprechen (z.B.: ein Hamster ist ein nachtaktives Tier, das tagsüber Ruhe braucht)

 Mit den Kindern eine Tierbetrachtung machen

Hannibal ist ein weißer Hamster. Weiße Hamster sind selten. Sie haben rote Augen und werden auch Albinos genannt. Hannibal ist 1 Jahr alt, er lebt bei einer Familie auf dem Land und wohnt in einem gemütlichen Käfig, der im Kinderzimmer steht. Tagsüber schläft er in seinem rot-weißen Häuschen, das mit weicher Watte gepolstert ist. Nachts rattert er in seinem Hamsterrad los. Es ist gelb und ungefähr so groß, wie ein kleiner Teller. Hannibal liebt es, in seinem Rad ein paar Runden zu drehen.

Die kleine Mona ist sehr stolz auf ihren Hamster. Nur manchmal nachts, wenn er sie mit seinem Geratter aufweckt, ist sie böse auf ihn.

Doch ein Blick in seine kleinen, roten Augen genügt, um sie zu verzaubern. So lieb hat sie ihn. Hannibal weiß das ganz genau und er versteht es immer wieder, sein Frauchen zu begeistern. Am liebsten würde Mona das kleine Tier überallhin mitnehmen, z. B. in die Schule. Doch das geht natürlich nicht, weil der Lehrer schimpfen würde. Außerdem schlafen Hamster meist den ganzen Tag und werden erst nachts fit. So oft es geht, holt Mona ihren Freund aus dem Käfig und kuschelt mit ihm. Sein weiches Fell fühlt sich gut an, es ist ganz warm und kuschelig. *Fühl mal, wie warm und kuschelig es ist!*
Eines Tages darf Mona für ihre Mutter einkaufen gehen. Sie freut sich sehr darüber, denn im Supermarkt gibt es viele leckere Dinge. Sie bekommt immer eine Scheibe Wurst und meistens darf sie sich eine Süßigkeit kaufen. Mona kann sich aber heute gar nicht von ihrem Hamster trennen. Da hat sie eine Idee: „Ich nehme Dich einfach mit, Du passt doch prima in meine Hosentasche. Das müsste gehen!" Sie packt ihn ein und Hannibal scheint richtig glücklich zu sein. Nach einem kurzen Fußweg kommen die beiden an ihrem Ziel an. Mona nimmt alle Dinge, die auf dem Einkaufzettel stehen, aus dem Regal und legt sie sorgfältig in den Wagen. Butter, Milch, Käse, Joghurt, Marmelade, … nur noch 2 Teile, dann ist sie fertig. Hoppla, was ist denn das? Es krabbelt und zwickt in ihrer Hosentasche und mit einem riesigen Sprung ist Hannibal auf und davon. Oh weh, der Hamster rennt, so schnell er kann, durch den Supermarkt.

Mona ist verzweifelt, sie läuft hinter ihm her, doch er ist zu flink. Da rennt er gerade unter ein Regal. Sie ruft ihn: „Hannibal, komm her!" Doch Hannibal denkt gar nicht daran. Wo kann er nur sein? Jetzt sitzt er unter dem Obststand und schnuppert an einer Kiste. Mona schiebt ihre Hand ganz langsam in seine Richtung. Doch Hannibal will nicht eingefangen werden und läuft schnell weg. Mona bekommt Angst, ihr wird es ganz warm. *Fühl mal, wie warm es ihr ist!*

Wenn nun Hannibal etwas passiert? Mona will ihn nicht verlieren! Da hört sie eine Frau kreischen: „Hilfe, Hilfe, eine Maus!"

Mona ruft so laut sie kann: „Nein, das ist keine Maus, das ist Hannibal, mein Hamster, tun Sie ihm nichts!" Mona weint. Hannibal ist verängstigt unter ein Regal gelaufen. Da kommt ein Verkäufer. Er fragt: „Was ist denn hier los?" Mona erzählt verzweifelt, was passiert ist. Dicke Tränen kullern über ihre Wangen. Sie schluchzt: „Bitte tun Sie ihm nichts, ich habe ihn doch so lieb!"

Der Verkäufer lächelt: „Tiere sind hier nicht erlaubt, wir wollen schnell Deinen Hamster einfangen." Der Mann schaut unter das Regal, schiebt seinen Arm unter das Brett und zieht Hannibal heraus. Es ist alles wieder gut. Mona nimmt Hannibal in den Arm, sein Herzchen schlägt ganz schnell.

An der Kasse zahlt sie die Rechnung. Dann gehen sie schnell nach Hause. Mona fühlt sich sehr erschöpft, sie ist müde. Auch Hannibal ist müde, er schläft in seinem Käfig sofort ein. Mona legt sich in ihre Kuschelecke und macht es sich bequem. Ihr ganzer Körper ist schwer und warm, ganz schwer. *Fühl mal, wie schwer und warm ihr ganzer Körper ist!* Sie ist ganz ruhig und locker. *Stell Dir vor, wie ruhig und locker sie ist!* Ihre Augen sind ganz schwer, sie schließt ihre Augen. *Fühl mal, wie schwer ihre Augen sind!*

Mona ist froh, dass alles gut gegangen ist. Ihre Mama hat zum Glück nicht geschimpft. Mona schläft ein. Im Traum liegt sie in einer bunten Blumenwiese – natürlich mit ihrem Freund Hannibal!

Julias Reise in eine andere Welt

 Die Geschichte erzählt von Julia, die in einer besonderen Nacht in das abenteuerliche Land der Dinosaurier reist.

 Die Kinder können von zu Hause einige Dinosaurierfiguren mitbringen.

 • Seit wann und weshalb leben auf der Erde keine
  Dinosaurier mehr?
• Welche Saurierarten gab es früher?
• Wovon haben sie sich ernährt?

 • Die Kinder malen oder basteln einen Dinosaurier
• Gemeinsamer Besuch eines naturkundlichen
  Museums

In einem Land weit weg von unserer Zeit, leben Dinosaurier. Dies sind fantastische Tiere, manche riesengroß und träge, andere klein und beweglich.

Dinosaurier können bei uns kein Futter finden, deshalb leben sie nicht mehr bei den Menschen. Viele Kinder interessieren sich sehr dafür, welche Dinosaurierarten es gibt und wie sie heißen. Vielleicht kennst Du Dich ja auch mit Dinosauriern aus? *Stell sie Dir einmal intensiv vor!*

Die kleine Julia weiß fast alles über ihre Lieblingstiere, die Dinosaurier. Ihr größter Wunsch ist es, einmal einen echten Dino zu sehen. Eines Tages liegt sie in ihrem weichen, kuscheligen Bett und wartet auf den Sandmann. Irgendwann zwischen Wachen und Schlafen hört sie eine Stimme. Sie öffnet weit ihre Augen, um zu sehen, wer zu ihr spricht. Es ist niemand da. Doch da ist es wieder, ein leises Geräusch, wo kommt es nur her? *Hör mal auf das Geräusch!* Sie schaut sich überall um und sieht jetzt ein winziges Glühwürmchen. Es spricht zu ihr: „Julia, mein Name ist Flimm-Flämmchen. Ich soll Dich in das Land der Fantasie bringen. Dorthin, wo die Dinosaurier leben. Sie warten auf Dich und möchten Dich unbedingt kennen lernen."

Julia glaubt zu träumen. Sie sieht das Glühwürmchen deutlich vor sich, es ist wirklich da. Was soll sie tun? Soll sie mitgehen? Das Glühwürmchen drängt: „Komm schon, der Weg ist weit und bevor es hell wird, müssen wir wieder hier sein." Julia steht auf und folgt dem Glühwürmchen, es fliegt direkt durch die Wand. Julia kann es kaum glauben, auch sie geht direkt durch die Wand. Dahinter müsste eigentlich die Küche sein, es ist aber nicht so. Sie gelangen in einen Tunnel und werden in schnellem Tempo hindurchgezogen. Es fühlt sich an, als würde man durch eine Turborutschbahn rutschen. *Fühl mal, wie schnell sie rutscht!* Immer schneller rauschen sie durch den Tunnel. Julia hat ein bisschen Angst. Wohin geht der Weg? Wie kommt sie wieder nach Hause? Das Glühwürmchen leuchtet in der Dunkelheit. *Sieh mal, wie hell es leuchtet!* Julia ist froh, dass sie nicht alleine ist. Endlich ist der Flug durch den Tunnel vorbei.

Etwas erschöpft landet Julia in einem riesengroßen grünen Blatt, das zu einer noch größeren Pflanze gehört. Direkt davor steht ein gigantisches Tier: ein Brontosaurus! Das ist der größte von allen Dinosauriern, er frisst ausschließlich Pflanzen. Er schaut Julia an und sagt: „Herzlich willkommen bei uns, wir warten schon lange auf Dich. Steig nur auf meinen Rücken, ich zeige Dir alles."

Julia weiß nicht, was sie sagen soll, sie nickt nur. „Ich heiße Alex und Du heißt Julia." Julia nickt und wundert sich, woher Alex ihren Namen kennt. Es ist heiß und feucht, Julia ist es ganz warm. *Fühl mal, wie warm es ist!* Sie sitzt locker auf dem breiten Rücken des Sauriers und schaut sich neugierig um. Alles ist viel größer als bei uns. Selbst die Regenwürmer sind so groß wie Schlangen.

„Du brauchst keine Angst zu haben. Wenn Du bei mir bist, wird Dir nichts geschehen, ich habe keine Feinde." Der Saurier trabt fröhlich vor sich hin. Julia ist erstaunt, dass Alex so leicht und locker laufen kann. *Fühl mal, wie leicht und locker er läuft!* Gemeinsam machen sie einen weiten Ausflug über Hügel, durch grüne Täler, durch matschige Sümpfe und trockene Wüsten und kommen schließlich in einer wunderschönen Oase an. Riesige Palmen, mit Kokosnüssen so groß wie Fußbälle, stehen hier. Überall wachsen Blumen, mit Blüten so groß wie Badewannen. Ein Wasserfall plätschert über einen Felsvorsprung hinweg und mündet in einen tiefblauen See. *Hör mal, wie schön das Wasser plätschert!* Julia staunt und fragt Alex, warum alles so viel größer ist, als bei uns. Alex erklärt: „Das ist so, weil wir dies zum Leben brauchen. Wir essen viele Pflanzen an einem Tag. Die müssen natürlich groß sein, damit wir satt werden."

Plötzlich taucht neben ihnen ein gruseliges Wesen auf. Es faucht, feuchter Atem kommt aus seinem Maul. Große Zähne sind zu se-

hen, Julia fürchtet sich. Alex knurrt und sofort rennt das gruselige Tier weg. Erleichtert atmet Julia auf. *Fühl mal, wie erleichtert sie ist!* Langsam wird Julia müde. Sie ist fast die ganze Nacht wach und hat so viel erlebt. Der große Saurier macht sich mit ihr auf den Rückweg und sagt: „Du musst jetzt wieder nach Hause gehen. Wenn Du möchtest, kannst Du jederzeit wiederkommen. Wünsche Dir nur das Glühwürmchen herbei, es zeigt Dir den Weg. Mach es gut, bis zum nächsten Mal."

Sie haben das große Blatt erreicht, auf dem Julia bei ihrer Ankunft gelandet ist. Das Glühwürmchen wartet auf sie. „Tschüß Alex, ich werde bestimmt wiederkommen", sagt Julia. Der Brontosaurus stupst sie ganz leicht mit seiner weichen Nase an. „Tschüß Julia, schön, dass Du da warst."

Flimm-Flämmchen zeigt ihr den Tunneleingang. Julia steigt hinein und winkt zum Abschied. Mit einem Riesentempo saust sie durch den Tunnel. Es ist ganz dunkel. Nur das Glühwürmchen ist zu sehen. Mit einem sanften Plumps landet sie wieder in ihrem Bett. Es ist kuschelig weich und warm. *Fühl mal, wie weich und warm es ist!* Das Glühwürmchen ist verschwunden. Julia sinkt ganz schwer in ihr Bett. Ihr ganzer Körper ist schwer. *Fühl mal, wie schwer ihr ganzer Körper ist!* Die Reise war anstrengend, Julia ist ganz müde geworden. *Fühl mal, wie müde sie ist!* Ihre Arme und Beine sind ganz schwer. *Fühl mal, wie schwer die Arme und Beine sind!* Auch ihre Augen sind schwer, sie schließt ihre Augen. Im Bett liegt sie nun warm, ihr ganzer Körper ist angenehm warm. *Fühl mal, wie warm ihr ganzer Körper ist, warm und schwer!*

Es war schön bei den Dinosauriern. Julia wird noch oft daran denken und bestimmt wieder hinfliegen. Doch jetzt will sie nur noch ausruhen!

Lagerfeuer

 Die Geschichte erzählt von Paulina, die an einem wunderschönen Sommerabend mit ihren Eltern ein Lagerfeuer genießt.

- Es bietet sich an, diese Geschichte im Rahmen einer Elternarbeit abends am Lagerfeuer vorzulesen. Optimal wäre es, wenn Gitarrenmusik gespielt würde. Vorher könnte eine gemeinsame Wanderung stattfinden, bei der die Kinder Holz und Stöcke für das Stockbrot sammeln.
- Hefeteig für Stockbrot, Stöcke (z. B. Bambus), Feuerstelle, Holz, Gitarren

- Gemeinsam singen
- Sterne zählen, Sternbilder erkennen, Sternschnuppen suchen, Gemeinschaft erleben

An lauen Sommerabenden sind die Menschen gerne draußen. Wenn die Hitze des Tages langsam den angenehmen Abendtemperaturen weicht, ist es herrlich, im Garten zu sitzen. Ein Lagerfeuer macht einen solchen Abend perfekt. Die kleine Paulina liebt es, am warmen Feuer zu sitzen und den Flammen zuzusehen. Heute ist wieder so ein wunderbarer Sommerabend. Paulina hat mit ihrem Vater Holz vom großen Stapel hinter dem Haus geholt. Vor ein paar Wochen haben sie im Garten eine Feuerstelle gebaut, dorthin bringen sie die Holzscheite. Zuerst stellen sie kleine, dünne Stücke so zusammen, dass sie sich gegenseitig stützen. Jetzt sieht es wie ein kleines Indianerzelt aus. Papa zündet die kleinen Holzstücke an. Sofort beginnt es, zu brennen und es entsteht ein loderndes Feuer. Es wird Zeit, die großen Stücke nachzulegen, damit das Feuer weiterbrennt. Paulina, Mama und Papa haben sich rund um die Feuerstelle gesetzt. Sie alle genießen die angenehme Wärme, die von dem lodernden Feuer ausgeht. *Fühl mal, wie angenehm warm das Feuer ist!*

Mama hat am Nachmittag Hefeteig vorbereitet, damit backen sie gleich Stockbrot für alle. Jeder nimmt einen dünnen Stock und dreht eine kleine Menge Teig um das untere Ende herum. Sie halten den Stock am unteren Ende fest und garen den Teig über dem Feuer. Das Brot wird langsam braun, es riecht sehr lecker. *Riech mal, wie gut es riecht!* Nach ein paar Minuten ist es fertig, es schmeckt köstlich. Inzwischen ist es dunkel geworden. Der Lichtschein des Feuers wirkt jetzt noch intensiver. *Stell Dir vor, wie hell und warm das Feuer strahlt!* Über ihnen funkeln am Himmel die ersten Sterne. Die Kinder versuchen, die Sterne zu zählen, es sind aber zu viele. Papa holt seine Gitarre, auf der er wunderschöne Melodien spielen kann. Die Kinder summen leise mit. *Hör mal, wie schön sie summen!*

Jetzt haben sie sich auf ihre Decken gelegt. Die angenehme Wärme hüllt sie immer mehr ein. Die Kinder werden ganz müde, warm und müde. *Fühl mal, wie warm und müde sie sind!* Sie liegen schwer auf der Unterlage, ihr ganzer Körper ist schwer. *Fühl mal, wie angenehm schwer sie sind!* Auch ihre Augen werden immer schwerer, sie schließen ihre Augen. Es ist schön, mit geschlossenen Augen neben dem warmen Feuer zu liegen. *Fühl mal, wie schön es an dem warmen Feuer ist!* Dann träumen sie. Im Traum sind sie Indianer und Cowboys, die sich nach einem anstrengenden Tag müde am Lagerfeuer ausruhen.

Nelli in der verbotenen Zone

 Die Geschichte erzählt von der kleinen Nixe Nelli, die ein gefährliches Abenteuer erlebt.

- Leise Meeresmusik
- Dekoration aus Muscheln, Sand, Fischen, Wasser

 Vor der Geschichte:
- Neugierde erwecken
- Bilder vom Meer zeigen

Nach der Geschichte:
- Warum sollte Nelli nicht die verbotenen Zone besuchen?
- Warum sind Verbote wichtig?
- Kinder erzählen von ihren Erfahrungen

- Fische basteln
- Aquarium basteln
- Kinder malen die Geschichte nach

Ganz tief unten im Meer gibt es ein Land, das Ozeanien heißt. Es ist ein besonders schönes Land. Vor langer Zeit war es eine Insel, die eines Tages von einem heftigen Seebeben in die Tiefe gerissen wurde.

Irgendwann entdeckten die Meeresnixen die schöne Insel und beschlossen, dort zu leben. Seither herrscht König Aquarius über Ozeanien. Er ist ein strenger aber gerechter König. Seine kleinste Tochter heißt Nellifer. Alle nennen sie nur kurz Nelli, es passt auch viel besser zu ihr. Nelli sieht fast wie ein Mensch aus. Sie hat lange, blonde Haare und ein hübsches Gesicht. Nur ihr Unterleib sieht ganz anders aus als bei einem Menschen: Nelli hat eine Schwanzflosse, mit der sie prima schwimmen kann!

Auch ihre Lungen funktionieren anders als bei Menschen, sie kann damit unter Wasser atmen. Da Nellifer zur königlichen Familie gehört, hat sie immer Leibwächter bei sich, die gut auf sie aufpassen. Es sind zwei tapfere Delphine, die Konstantin und Saltus heißen. Nelli liebt die beiden ganz besonders, sie hat schon viele Abenteuer mit ihnen erlebt.

Ihr Vater Aquarius ist froh, dass er Nelli gut beschützt weiß. Seine Tochter hat einen eigenen Kopf und setzt sich häufig über seine Anordnungen hinweg.

Am liebsten macht Nelli Ausflüge in die schöne Umgebung, z.B. zum bunten Korallenriff. Es gibt immer etwas zu sehen, wunderschöne Fische leben dort. Besonders gerne mag Nelli die schwarz-gelb-gestreiften Fische, die immer gute Laune haben. Nelli versteht ihre Sprache und tauscht mit ihnen die aktuellsten Neuigkeiten aus. Eines Tages erzählen sie ihr von einem großen Menschenschiff, das bei dem letzten Sturm gesunken ist. Wunderbare Schätze und Kostbarkeiten sollen dort liegen. Es gibt aber ein Problem: das Schiff liegt in der verbotenen Zone. Nelli möchte unbedingt das Wrack erkunden. Doch die Ozeanier dürfen die verbotene Zone nicht betreten,

weil dort gefährliche Haie leben. Was soll sie nur tun? Saltus und Konstantin würden ihr niemals erlauben, zum Schiff zu schwimmen. Sie denkt sich einen Plan aus. Mittags machen die beiden immer ein kleines Schläfchen. In dieser Zeit muss sie es schaffen, zum Schiff hin und wieder zurückzukommen. Endlich ist es soweit. Ihre Beschützer schlafen und Nelli macht sich sofort auf den Weg. Sie ist ganz aufgeregt. *Fühl mal, wie aufgeregt sie ist!* Sie kann es gar nicht erwarten, das Wrack zu erkunden. Nelli sieht das Riff, das in allen Farben strahlt und ihr Herz erfreut. Sie schwimmt daran vorbei. Der Weg ist länger als sie dachte. Es ist anstrengend. *Fühl mal, wie anstrengend es ist!*
Hoffentlich ist sie bald da. Endlich liegt das Wrack vor ihr. Sie ist jetzt in der verbotenen Zone. Ihr wird es ganz warm. *Fühl mal, wie warm es ist!*
Nelli entdeckt einen Eingang und schwimmt durch das ganze Schiff. Sie staunt über die vielen Dinge, die sie hier findet. Sie wüsste gerne, wofür die Menschen sie benutzen. Es funkelt und glitzert überall. Von einem Tisch nimmt sie ein glänzendes Teil mit drei Zacken weg – was mag das nur sein? Nelli packt es ein. Als sie gerade eine Münze aufheben will, hört sie ein Geräusch. Sie dreht sich um und entdeckt einen riesigen Hai, der gerade seinen Kopf in das Schiffswrack steckt. Das wird gefährlich. Was soll sie nur tun? So leise es geht, schwimmt sie wieder hinaus. Doch der Hai hat sie bemerkt, er ist hinter ihr her. Nelli sieht seine messerscharfen Zähne. Sie hat Angst. *Fühl mal, wie ängstlich sie ist!* „Schnapp"… seine Zähne wollten gerade in ihre Schwanzflosse beißen. Doch zum Glück ist der Hai in einem Netz hängen geblieben.

Nelli schwimmt, so schnell sie kann, zurück. Der Hai hat sich aus dem Netz befreit und verfolgt sie. Nelli muss sich sehr anstrengen, sie ist noch nie so schnell durch das Wasser gerauscht. Sie hat keine Zeit, sich umzudrehen und nach ihrem Verfolger zu schauen. Ob er

noch da ist? Nelli ist müde. *Fühl mal, wie müde sie ist!* Endlich erreicht sie das Riff, hier ist sie sicher. Ihr Herz schlägt ganz schnell. *Fühl mal, wie schnell ihr Herz schlägt!* Die bunten Fische glotzen sie mit ihren großen Fischaugen neugierig an. Nelli hat keine Kraft mehr, ihnen von dem Ausflug zu erzählen. Sie muss sich zuerst ausruhen. Jetzt erreicht sie ihr Zimmer. Sofort legt sie sich in ihr weiches Wasserbett. Zum Glück hat der Hai sie nicht erwischt. Von den Anstrengungen ist sie ganz müde geworden. Schwer und müde liegt sie auf ihrem Bett. *Fühl mal, wie schwer und müde sie ist!* Ihr Atem wird immer ruhiger. Ganz ruhig atmet sie ein und aus, ein und aus, ganz von selbst. *Fühl mal, wie ruhig sie atmet!* Ihr kleines Herz schlägt ganz ruhig und regelmäßig. *Fühl mal, wie ruhig und regelmäßig das Herz schlägt!* Ihre Augen sind ganz schwer und müde, sie schließt ihre Augen.
Nelli genießt es, in ihrem weichen Bett zu liegen. Sie ist glücklich und zufrieden, weil ihr nichts passiert ist. Jetzt weiß sie, warum die Ozeanier die verbotene Zone nicht betreten dürfen. Von heute an wird sie die Regeln beachten – ganz bestimmt. Saltus und Konstantin sind inzwischen wach geworden. Sie wundern sich, dass Nelli heute auch ein Mittagsschläfchen macht.

Nicki verwandelt sich

 Die Geschichte erzählt von der Raupe Nicki, die sich in einen wunderschönen Schmetterling verwandelt.

 Die Geschichte kann im Rahmen eines Projektes „Von der Raupe zum Schmetterling" eingesetzt werden.

- Kinder malen die Entwicklung der Raupe nach
- Bewegungsübung: Kinder machen die Raupenbewegung nach und klettern durch bereitgestellte Hindernisse hindurch
- Kinder pflanzen im Außengelände einen Schmetterlingsflieder

Nicki ist eine kleine Raupe, die auf der großen Wildblumenwiese ganz in Deiner Nähe lebt. Sie sieht wie alle Raupen aus und bewegt sich auch so. Bestimmt hast Du schon einmal gesehen, wie sich eine Raupe fortbewegt. Sie rücken ein Stückchen nach vorne, wölben ihren Rücken hoch in die Luft und ziehen ihr Hinterteil nach sich. Nicki hat am ganzen Körper Härchen, die ihr helfen, sich überall festzukrallen. Gerade hat sie auf einem weichen Blatt ei-

ner Sonnenblume ein Schläfchen gemacht. Ein intensiver Sonnenstrahl hat sie wachgekitzelt. Nicki blinzelt, als sie hinauf zur Sonne blickt. Der Tag ist wunderschön, der Himmel ist strahlendblau. Nicki verspürt ein leichtes Hungergefühl im Bauch. Es ist Zeit für ein ausgiebiges Frühstück. Zuerst frisst sie sich durch ein saftiges Blatt hindurch. Für den Anfang ist dies genug. Nicki hat aber noch Lust auf richtiges Essen. Ein Kohlkopf oder ein leckerer Salat wäre gut. Sie weiß genau, wo sie derlei Köstlichkeiten finden kann und macht sich auf den Weg. Ihr Ziel ist der große Gemüsegarten, der direkt an die Wildblumenwiese angrenzt. Zuerst muss Nicki am Stiel der Sonnenblume herunterkriechen. Es ist anstrengend, es wird ihr ganz warm. *Fühl mal, wie warm es ist!* Endlich erreicht sie die Erde. Weiter geht der Weg über holprigen Boden, Stöcke und Steine, die hier überall herumliegen. Mit großem Einsatz schafft Nicki es, alle Hindernisse zu überwinden. Völlig erschöpft erreicht sie ihr Ziel. *Fühl mal, wie erschöpft sie ist!* Allmählich fließt ihr Atem wieder ruhig und gleichmäßig. *Fühl mal, wie ruhig und gleichmäßig ihr Atem fließt!* Sie sieht einen riesengroßen Kohlkopf. Hm, der schmeckt lecker! Nicki frisst sich mit Genuss von einer Seite auf die andere. Sie bohrt einen richtigen Tunnel von einer Seite zur anderen. Satt ist sie aber noch lange nicht. So kommt es, dass sie viele Tunnel in den Kohlkopf beißt, bis dieser schließlich ganz durchlöchert ist. Das war richtig gut, ihr kleiner Bauch ist fast voll. Doch jetzt möchte Nicki etwas Süßes essen. Ein Apfel wäre genau richtig. Bis zum Apfelbaum muss Nicki sich wieder durch schwieriges Gelände durcharbeiten. Der Ausblick auf einen süßen, leckeren Apfel ist aber die Mühe wert. Völlig geschafft erreicht sie endlich den Apfelbaum und frisst sich mit großem Appetit durch einen dicken, roten Apfel. So, das reicht. Nicki ist satt. *Fühl mal, wie satt sie ist!* Vom vielen Essen ist sie kugelrund geworden. Nicki ist erschöpft und müde. Die Zeit für einen Kokon ist gekommen. Raupen bauen sich, wie Du vielleicht weißt, einen Kokon.

Das ist ein Häuschen, in dem sie für eine Zeit lang wie leblos wohnen. In dieser Phase entwickeln sie sich zu einem wunderschönen Schmetterling. Nicki webt sich immer weiter ein, bis sie von ihrem Kokon umhüllt ist. Als sie endlich fertig ist, fühlt sie, wie müde ihr ganzer Körper ist. Ganz schwer fühlt sich ihr ganzer Körper an. Von der Anstrengung ist es ihr auch ganz warm geworden. Ihr ganzer Körper ist angenehm warm und schwer. *Fühl mal, wie warm und schwer sie ist!* Nicki fällt in einen tiefen Schlaf, sie verpuppt sich. Einige Zeit später wird sie wieder wach und merkt, dass sich etwas verändert hat. Sie fühlt sich irgendwie anders. Vorsichtig öffnet sie den Kokon und kriecht hinaus. Da sieht sie, dass sie Flügel hat. Wunderschöne bunte Flügel gehören zu ihrem Körper. Sie ist zu einem Schmetterling geworden. Nicki breitet die Flügel aus und wird sofort von dem leichten Wind nach oben getragen. Sie schwebt mit vollkommener Leichtigkeit dahin, hoch oben in der Luft. Es ist ein herrliches Gefühl, so leicht zu fliegen. *Fühl mal, wie leicht sie fliegt!* Unter sich sieht Nicki die Wildblumenwiese, auf der sie als Raupe gelebt hat. Die vielen bunten Blumen verströmen wunderbare Düfte, Nicki möchte an jeder Blüte riechen. Der Schmetterlingsflieder hat einen besonders guten Duft. *Riech mal, wie gut es duftet!* Nicki landet sanft auf einer lilafarbenen Blüte, wo sie weitere Schmetterlinge trifft. Sofort schließt sie Freundschaft und bekommt von ihnen viele gute Ratschläge und Tipps. Von dem Reden ist sie ganz müde geworden. Sie sucht sich einen gemütlichen Schlafplatz aus, klappt ihre Flügel zusammen und schließt ihre Augen. Es ist schön, nach den vielen Anstrengungen die Augen schließen zu können. Sie sind ganz schwer, schwer und müde. *Fühl mal, wie schwer und müde die Augen sind!*

Nicki schläft schließlich ein. Sie träumt von weiteren Flügen über Wiesen und Wälder und freut sich auf ihr Leben als Schmetterling

Nikolaus in Schwierigkeiten

 Die Geschichte erzählt davon, wie der Nikolaus unter großen Schwierigkeiten die Kinder der Erde beschenkt.

- Adventskranz
- Kerzen anzünden
- Lichterketten aufhängen
- Zimmerdecke mit Stoffen abhängen und mit Schneeflocken aus Watte dekorieren

 Geschichte kann in die vorweihnachtlichen Aktivitäten einbezogen werden:
- Wie sah der Bischof Nikolaus aus?
- Was hat der Bischof Nikolaus getan?
- Schenken

- Bastelangebot: Kinder basteln ein Geschenk für die Eltern
- Kinder malen ein Nikolausbild

Der 5. Dezember ist ein besonderer Tag, denn dann ist Nikolausabend. Die Kinder stellen an diesem Abend ihren Teller auf und hoffen, dass der Nikolaus ihnen Süßigkeiten und Geschenke bringt. Die kleine Lisa freut sich schon seit Wochen auf diesen Abend. Fleißig hat sie mit ihren Eltern Nikolauslieder geübt. Besonders gerne singt sie „Nikolaus, Du heiliger Mann". Feierlich stellt sie ihren bunten Teller auf den Esstisch und sagt: „Lieber Nikolaus, ich wünsche mir ganz viel Schokolade und einen Schneeanzug für meine Puppe."

Jetzt muss sie ins Bett gehen. Lisa ist aufgeregt – ob der Nikolaus auch wirklich kommt? Während sie noch wach in ihrem warmen, weichen, kuscheligen Bett liegt, und an den Nikolaus denkt, tobt draußen ein richtiges Unwetter. Es schneit wie verrückt, alles ist weiß. Auf den Bäumen und Sträuchern, den Wegen und Dächern liegt eine dicke Schicht Neuschnee. Alles sieht wie gepudert aus. Die Häuser sind hell erleuchtet, überall warten die Kinder auf den Nikolaus. Wo mag er nur sein? Bisher hat ihn niemand gesehen.

Nikolaus hat zu dieser Zeit große Sorgen. Er ist mit seinem Rentierschlitten vom Himmel aus in Richtung Erde geflogen. Sein riesiger Schlitten ist hoch mit Geschenken und Süßigkeiten voll gepackt. Der schwere Schlitten wird von 12 Rentieren gezogen. Nach ein paar Stunden stellt er plötzlich fest, dass er sich verflogen hat. Er landet auf der Erde in einer großen, eiskalten Schneelandschaft; er landet am Nordpol. Hier ist weit und breit kein Haus zu sehen. Nur ein paar Eisbären laufen ihm ab und zu über den Weg. Er zieht den Kragen seines dicken Mantels zu und denkt: „Brrr, ist es hier kalt!"
Fühl mal, wie kalt es hier ist!

Nikolaus weiß nicht, in welche Richtung er fahren soll – alles sieht vollkommen gleich aus. Die Rentiere fühlen sich pudelwohl, sie sind in kalten Ländern aufgewachsen. Daher machen ihnen die niedrigen Temperaturen gar nichts aus.

„Lauft, meine Tierchen, lauft schneller, es wird höchste Zeit. Die Kinder warten überall auf mich."

Was soll er nur tun? Nikolaus ist verzweifelt. Wenn er keine Hilfe bekommt, wird er es nicht mehr schaffen. Plötzlich sieht er einen silberblauen Schatten, der sich neben seinem Schlitten herbewegt. Nikolaus betrachtet ihn neugierig. Da hört er eine sanfte Stimme: „Kann ich Dir irgendwie helfen? Gewiss hast Du Dich verlaufen, denn hier ist nichts außer Schnee und Eis. Ich bin die blaue Eisfee und helfe jedem, der meine Hilfe braucht."

Nikolaus erkennt die zierliche Fee. „Ja, Du hast Recht, ich muss zu den Kindern, hier bin ich regelrecht verloren. Kannst Du mir den Weg zeigen?"

Nikolaus ist ganz aufgeregt. Die Zeit drängt. *Stell Dir vor, wie aufgeregt er ist!*

Die blaue Fee bringt ihn zu einem großen Eisberg. Es sieht so aus, als sei dort eine Tunnelöffnung. Die Fee bittet ihn, vor dem Eingang anzuhalten und sagt: „Nikolaus, dies ist ein geheimer Tunnel, er hat Zauberkräfte. Wenn Du mit Deinem Schlitten hineinfährst, musst Du Dir ganz fest wünschen, an Deinen Zielort zu gelangen. Stell Dir den Ort genau vor, dann wird Dich der Tunnel hinbringen."

Nikolaus freut sich über die liebevolle Hilfe. Nicht auszudenken, wie traurig die Kinder sein würden, wenn ihre Teller leer blieben. Er wünscht sich also ganz fest, zu den Kindern der Welt zu kommen. Schon saust er in Windeseile durch den Tunnel. Ihm wird es ganz warm. *Fühl warm, wie warm es ihm wird!*

Immer schneller rauscht der Schlitten durch den dunklen Tunnel. Nikolaus hält sich gut fest. Mit einem Ruck hält der Schlitten plötzlich an, sie haben das Ende des Tunnels erreicht. Auf der anderen Seite sieht die Welt ganz anders aus. Es gibt Häuser, erleuchtete Fenster, Bäume und Sträucher. Auch hier ist alles weiß, es hat frisch

geschneit. Nikolaus ist erleichtert. Jetzt beginnt er, die Geschenke in die Häuser zu bringen. Weil er so lange am Nordpol war, muss er sich sehr beeilen. Bald ist die Nacht vorbei. Nikolaus ist total erschöpft. Er hat seine Arbeit erledigt und fährt jetzt mit seinem Schlitten nach Hause. Erleichtert legt er sich in sein Himmelbett, es ist ganz weich. *Fühl mal, wie weich es ist!* Die Wärme lässt ihn richtig locker werden, ganz locker. *Fühl mal, wie locker er ist!* Nikolaus wird immer ruhiger. Sein Atem fließt ganz ruhig. *Fühl mal, wie ruhig sein Atem fließt!* Er ist sehr müde und macht deshalb die Augen zu. *Fühl mal, wie müde er ist!* Sein ganzer Körper ist schwer und warm, warm und schwer. *Fühl mal, wie warm und schwer sein ganzer Körper ist!*
Bald schläft er ein. Im Traum sieht er die glücklichen Kinder, die gerade ihre Nikolausgeschenke auspacken. Die kleine Lisa ist auch dabei. Sie bestaunt gerade den neuen Schneeanzug für ihre Puppe.

Osterhase Felix

 Die Geschichte erzählt von dem Osterhasen Felix, der sich sehr anstrengen muss, um pünktlich zu Ostern alle Kinder zu beschenken.

 Im Nebenraum oder in der Turnhalle Pappen, Zeitungen, Farben, Pinsel, Eier bereitstellen

 • Mit den Kindern über Ostern sprechen
• Evtl. im Rahmen eines Projektes

 Die Kinder bemalen Ostereier. Wer bemalt das schönste Ei? Die bemalten Ostereier werden in der Gruppe aufbewahrt. Plötzlich sind sie verschwunden und die Kinder dürfen danach suchen. Findet jedes Kind sein eigenes Ei wieder?

D er Winter verliert ganz allmählich seine Kraft. Mit jedem Tag wird es wärmer, der Frühling rückt näher. Die ersten Frühjahrsblumen recken mutig ihre Köpfchen aus der Erde und strecken sich der Sonne entgegen. *Stell Dir vor, wie schön es ist, sich nach einem langen, kalten Winter in den Sonnenstrahlen zu baden!* Einige Bäume und Sträucher enthüllen ihre Blätter in den schönsten Grüntönen. Überall spürt man Leben, das langsam aus dem Winterschlaf erwacht. Auch der kleine Felix freut sich auf den Frühling. Felix ist ein Osterhase. Er lebt mit vielen anderen Osterhasen auf dem großen Feld ganz in Deiner Nähe. Seit ein paar Tagen arbeiten die Osterhasen an den Vorbereitungen für das Eierfärben. Sie mischen die vielen Farben an, die sie bald verarbeiten müssen. Kennst Du schon einige Farben? Richtig: Rot, Gelb, Blau, Grün, Orange, Lila, sie alle gehören zu den Farben, die die Osterhasen verwenden. In großen Töpfen stehen die Farben bereit. Viele tausend Eier müssen gefärbt, eingepackt und zu Ostern versteckt werden. Den Osterhasen stehen anstrengende Tage bevor.

Felix liebt es, Ostereier zu bemalen. Er denkt sich immer wieder neue Muster aus, die er mit viel Geschick aufmalt. Im letzten Jahr hat er den Wettbewerb im Kunsteierbemalen gewonnen; darauf ist er sehr stolz. Die Eier werden bemalt, dann auf großen Ständern getrocknet und anschließend mit Fett eingerieben, damit sie so richtig schön glänzen. Felix malt und malt, er kann gar nicht mehr aufhören. Auch die anderen Hasen sind sehr fleißig. Endlich sind sie fertig, alle Eier sind bemalt und leuchtend herrlich bunt. Felix holt seine große Kiepe, füllt sie vorsichtig mit den kostbaren Eiern und setzt sie sich auf seinen Rücken. Jetzt geht er los, morgen ist Ostern. Er muss sich also beeilen. Alle Hasen machen sich auf den Weg zu den vielen Kindern, die morgen ihre Nester suchen. Das Wetter ist herrlich sonnig und warm. *Fühl mal, wie warm es ist!* Die Frösche quaken und die Vögel zwitschern, es ist richtig friedlich. Die ganze

Welt scheint in Ordnung. Felix hat das nächste Haus erreicht, an dem er Eier verstecken muss. Sorgfältig sucht er die Verstecke aus. Die Kinder haben für ihn eine Möhre und eine Schale Wasser hingestellt. Dankbar nimmt er beides an. Jetzt muss Felix weiterziehen, es wird Zeit. Er hat nun fast alle Eier verteilt, bald ist er fertig. Er muss nur noch den Fluss überqueren und auf der anderen Seite Eier für die Kinder verstecken, die dort wohnen. Felix hat ein kleines Boot entdeckt. Er stellt seine Kiepe hinein und beginnt zu rudern. Das ist anstrengend, ihm wird es ganz warm. *Fühl mal, wie warm es ihm wird!* Plötzlich fällt das Boot um, Felix und die Kiepe landen im eiskalten Wasser. Überall schwimmen die kostbaren Eier herum. Felix schwimmt schnell an das Ufer. Alleine kann er die Eier nicht einfangen. Was soll er nur tun? Da kommen die Tiere heran, die an dem Fluss leben. Sie wollen Felix helfen. *Stell Dir vor, welche Tiere an einem Fluss leben!* Hier sind es Enten, Frösche, Vögel und ein Waschbär, die so schnell sie können, die Eier an das Ufer bringen. Bald sind alle Eier wieder bei Felix, doch die Farben haben im Wasser gelitten. Felix repariert sie sorgfältig und steckt sie wieder in seine Kiepe. Er arbeitet die ganze Nacht hindurch und schafft es in letzter Sekunde, die Eier zu verstecken. Da kommen schon die Kinder, die eifrig nach ihren Ostereiern suchen. Felix freut sich über ihre glücklichen Gesichter. Jetzt macht er sich auf den Heimweg. Er ist sehr müde, seine Arme und Beine sind ganz schwer, schwer und müde. *Fühl mal, wie schwer und müde seine Arme und Beine sind!* Zu Hause legt er sich sofort in sein weiches Hasenbett. Es fühlt sich gut an, in dem warmen und weichen Bett zu liegen. *Fühl mal, wie warm und kuschelig es ist!* Seine Augen werden immer müder, schwer und müde werden seine Augen. *Fühl mal, wie schwer und müde seine Augen sind!* Bald schläft er ein. Im Traum sieht er noch einmal die strahlenden Gesichter der Kinder. Dabei lächelt er friedlich.

Frohe Ostern!!!

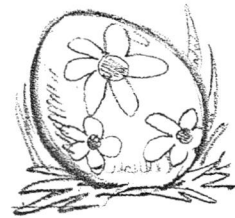

Jonathan im Piratenland

 Die Geschichte erzählt von Jonathan, der von einem wilden Leben als Piratenkapitän träumt.

- Pirateninsel aufbauen: Sand, Muscheln, Fischernetz, Piratenschiffen, Wasser (blaue Folie), Fernrohr, Schatztruhe (umgedrehte Tische) etc.
- Wassermusik, Verkleidungskiste

 Es bietet sich an, die Geschichte im Rahmen eines Projektes „Piraten" vorzulesen.

- Kinder spielen das Erzählte nach
- Im Kindergarten wird ein großes Piratenfest gefeiert

Jonathan ist fünf Jahre alt, bald wird er sechs. Im Kindergarten gehört er dann zu den großen Kindern, darauf freut er sich sehr. Zur Zeit geht er gerne in den Kindergarten, denn dort wird das Thema „Piraten" behandelt. Die Kinder dürfen sich wie echte Piraten schminken und verkleiden, es gibt Piratenessen und alles ist wunderschön dekoriert. Jonathan ist begeistert von den vielen Piratengeschichten, die er hört, wenn er nicht gerade spielt. Gerne wäre auch er ein Pirat. Oft träumt er von einem Leben als wilder Piratenkapitän. Er legt sich im Garten in die Hängematte, schließt seine Augen und genießt die warmen Sonnenstrahlen auf seiner Haut. Ihm wird ganz warm, wohlig warm, und er lässt locker. Er schaukelt sanft hin und her, hin und her. Vielleicht liegst auch Du manchmal so in der Sonne. *Stell es Dir genau vor!*

Jonathan hat es sich bequem gemacht, er liegt warm und weich und schon bald träumt er seinen Traum. Er hört das Meer rauschen, die Wellen rollen langsam an den Strand und wieder zurück – ganz von selbst. Im Traum liegt er an einem wunderbaren Sandstrand. Der Sand, auf dem er liegt, ist warm und weich. Er fühlt sich rundum wohl und geborgen. Die Sonnenstrahlen streicheln seine Haut. Er ist gut gebräunt – wie ein echter Pirat. Er heißt nicht Jonathan, sondern Messer – Jockel, der gefürchtete Piratenkapitän. Am ganzen Körper hat er Narben von seinen vielen Kämpfen – aber das macht ihm nichts aus. Er, Messer-Jockel, ist Anführer von vielen Piraten.

Messer-Jockel hört eine Stimme: „Steh auf, Du wirst gebraucht, Messer-Jockel. Krallenhand ist mit seinem Schiff auf den Weg hierher, er will uns überfallen!" Messer-Jockel ist sofort hellwach, denn Krallenhand ist sein schlimmster Feind. Er muss seine Pirateninsel vor ihm schützen und gibt seinen Leuten sofort Anweisungen. Ein wildes Treiben beginnt: ein Pirat klettert in den hohen Aussichtsturm und beobachtet das feindliche Schiff von Krallenhand. Die anderen bringen ihre Schätze in Sicherheit und machen sich bereit für

den Kampf. Messer-Jockel ist aufgeregt. Was kann Krallenhand nur von ihnen wollen? Das Schiff kommt immer näher – gleich ist es da. Die schwarze Piratenfahne mit dem Totenkopf weht am Mast. Alles ist still. Alle warten ab, was passiert. Hör mal, wie still es ist! Krallenhand und seine Männer ankern ihr Schiff. In kleinen Booten setzen sie zur Insel über. Messer-Jockel steht am Strand er ist bis an die Zähne bewaffnet. „Wir kommen in Frieden," ruft Krallenhand, „wir wollen verhandeln." Alle Piraten sind erleichtert. Krallenhand, der im Kampf seinen Arm verloren hat und statt dessen einen Holzarm mit einem schrecklichen Haken hat, sieht gruselig aus. Messer-Jockel bittet ihn in sein Haus. Sie reden viele Stunden und am Schluss sind sie Verbündete. Gemeinsam wollen sie in Zukunft auf Beutejagd gehen und sich gegenseitig beschützen. Alle Piraten sind froh, dass die Gefahr vorbei ist!

Sie feiern zusammen ein großes Fest, trinken, essen, tanzen und reden bis spät in die Nacht. *Stell Dir dieses Piratenfest vor!* Dann sind alle erschöpft und müde von den Anstrengungen des Tages.

Messer-Jockel legt sich in seine Piratenkoje. Seine Arme und Beine sind schwer, sein ganzer Körper ist schwer, schwer und müde. Ihm ist es ganz warm – angenehm warm. Er fühlt sich gut und geborgen. *Fühl mal wie gut er sich fühlt!* Ganz ruhig schläft er ein, ruhig und zufrieden. Auch Jonathan schläft tief und fest in seiner Hängematte. Ob er sich an seinen Traum erinnern kann?

Puki, das Schlossgespenst

 Die Geschichte erzählt von dem Gespenst Puki, das lange Zeit einsam war und endlich wieder spuken kann.

 Halloween-Dekoration, wie z.B. Gespenster, Hexen, Spinnweben, Kürbisse

- Halloween – woher stammt dieser Brauch?
- Warum sieht man auch bei uns überall Halloween-Dekoration?

- Kürbislaternen basteln
- Halloween-Party vorbereiten

Weit weg von hier, im Land Fantasien, wurde vor langer Zeit ein wunderschönes Schloss gebaut, das noch heute hoch oben auf einem Berg steht. Von hier oben kannst Du das ganze Land überblicken. Früher war dies sehr wichtig, weil Räuber und Banden durch das Land zogen. Stets musste ein Wachsoldat hoch oben auf dem Wachturm stehen und gut aufpassen. Heute noch lieben die Menschen die schöne Aussicht und kommen deshalb hierher. Das Schloss ist weiß, hat Hunderte Fenster und viele, viele Türme. Es hat so viele Zimmer, dass man sie kaum zählen kann. Unter dem riesigen Dach befindet sich ein verlassener Speicher. Hierhin kommt kein Mensch und deshalb ist es ein idealer Ort für Gespenster. Früher wimmelte es hier nur so von Geistwesen, doch die sind nach und nach alle ausgezogen. Das Schloss ist seit langer Zeit unbewohnt und deshalb gab es hier für die Gespenster keine Arbeit mehr. Nur Puki ist geblieben, er wollte nicht gehen.

Er wohnt immer noch in dem alten, einsamen, wunderschönen Schloss und spukt so gut er kann. Doch Puki ist oft traurig, weil er so alleine ist. Gerne hätte er einen Freund – vielleicht möchtest Du sein Freund sein?

Oft träumt Puki von alten Zeiten, als es noch riesig viel Spaß machte, die Hausgäste zu erschrecken. Aber das ist lange her.

Eines Tages kommen Menschen in das Schloss. Puki hört ihnen zu, er kann jedoch nicht alles verstehen. Ein Hotel oder so etwas soll hier entstehen. Was ist ein Hotel? Bald rücken Handwerker an, es wird gehämmert, gestrichen, gebohrt. Endlich ist alles fertig. An der Eingangstüre hängt ein neues Schild: „Willkommen im Schloss-Hotel" steht darauf.

Die ersten Gäste beziehen ihre Zimmer. Puki ist sehr aufgeregt, weil er jetzt wieder richtig spuken kann. Er schwebt durch die vielen Zimmer und überlegt sich, wie er die einzelnen Gäste erschrecken kann. Die Uhr schlägt gerade zwölf, die Geisterstunde ist angebrochen. Zuerst holt Puki die schwere Eisenkette, mit der Geister so gerne rasseln. Sie ist sehr schwer. *Fühl mal, wie schwer sie ist!*

Puki kann die Kette fast nicht heben, so schwer ist sie. Er schleppt sie ins Zimmer 29, dort schläft ein kleines Mädchen. Puki rasselt kräftig mit der Kette. Da wird das Mädchen wach und kreischt: „Ein

Gespenst, ein Gespenst!" Sofort ist Puki verschwunden, er hat sich fast selbst erschrocken.

Das war anstrengend. *Fühl mal, wie angestrengt es ist!*

Er hat noch 40 Minuten Zeit. Als nächstes will er ein älteres Ehepaar mit dem Knochenmann erschrecken. Puki schiebt den großen und schweren Knochenmann zum Zimmer 1. Dann klopft er an und ruft laut „Huhu, Huhu". Der Opa öffnet die Tür und schimpft: „Zapalot, kann man denn hier nicht in Ruhe schlafen?" Die Türe ist schon wieder geschlossen. Der Opa hatte keine Brille an und konnte so den Knochenmann gar nicht sehen. Puki lächelt und macht sich auf die Suche nach dem Blut. In Zimmer 7 will er Blut auf den Spiegel schmieren und so die Bewohner erschrecken. Ein lautes Gekreische folgt: „Geister, Geister, Hilfe !!!"

Schnell schwebt Puki davon. Ihm ist es warm, ganz warm. *Fühl mal, wie warm es ihm ist!* Von der Spukerei ist er sehr müde geworden. Er möchte nur noch in seiner gemütlichen Hängematte liegen und ausruhen. Schwer und müde liegt er da und schaukelt hin und her, hin und her. *Fühl mal, wie müde er ist!* Seine Arme und Beine sind ganz schwer, angenehm schwer. *Fühl mal, wie schwer seine Arme und Beine sind!* Seine Augen sind schwer und müde, er schließt seine Augen. *Fühl mal, wie schwer und müde seine Augen sind!*

Da schlägt es 1 Uhr, die Geisterstunde ist vorbei. Morgen wird Puki wieder umherziehen – er ist sehr glücklich. Endlich kann er wieder ein richtiges Gespenst sein. Und vielleicht kommen die anderen Gespenster ja auch bald zum Schloss zurück.

Rotkäppchen und der Wolf

 Die Geschichte erzählt von einem Mädchen, das einen bösen Wolf trifft und so in große Gefahr gerät.

 Kostüme für Rotkäppchen, Wolf, Großmutter und Jäger

- Die Geschichte lässt sich gut in ein Projekt „Märchen" einbinden.
- Welche anderen Märchen kennen die Kinder?

 Die Kinder können das Märchen nachspielen. In der Puppenecke kann zu diesem Zweck die Wohnung der Großmutter aufgebaut werden.

In einem kleinen Dorf, irgendwo auf dem flachen Land, lebt ein Mädchen, das immerzu einen roten Umhang trägt und deshalb von allen Leuten nur „Rotkäppchen" genannt wird. Es ist ein nettes und freundliches Kind. Alle Dorfbewohner mögen das Mädchen gerne. Rotkäppchen hat eine Oma, die tief im Wald in einem kleinen, schnuckeligen Häuschen wohnt. Sie liebt ihre Großmutter sehr, von ihr hat sie auch den roten Umhang geschenkt bekommen. Eines Tages erfährt Rotkäppchen, dass die Großmutter krank im Bett liegt. Sie macht sich große Sorgen und beschließt, die liebe Großmutter zu besuchen. Rotkäppchen backt für sie einen besonders leckeren Schokoladenkuchen. Sie packt ihn in einen Korb, stellt eine Flasche Wein dazu und macht sich auf den Weg. Das Wetter ist schön, der Himmel ist blau und die Sonne scheint. Alles ist gut. Rotkäppchen fühlt die warmen Sonnenstrahlen auf ihrer Haut. *Fühl mal, wie warm und angenehm die Sonnenstrahlen sind!*
Der Korb ist schwer, Rotkäppchen muss sich sehr anstrengen. Ihre Arme werden immer schwerer. *Fühl mal, wie schwer ihre Arme sind!*
Rotkäppchen sucht sich einen gemütlichen Platz und macht es sich bequem. Sie hört die Waldvögel singen und das Quaken der Frösche im nahen Teich. Plötzlich steht ein Wolf neben ihr. Er fragt freundlich: „Was tust Du hier?"
Rotkäppchen kennt den Wolf nicht. Sie antwortet kurz: „Ich mache nur eine kleine Pause, gleich gehe ich weiter zum Haus meiner lieben, kranken Großmutter." Der Wolf fragt nach, wo die Großmutter wohnt und verabschiedet sich. Rotkäppchen pflückt einen Strauß Waldblumen und setzt ihren Weg fort. Einige Zeit später erreicht sie ihr Ziel. Rotkäppchen bemerkt sofort, dass die Haustüre offen steht. Dies ist sehr ungewöhnlich, ihre Großmutter lässt nie die Türe offen. Irgendetwas stimmt hier nicht! Rotkäppchen geht hinein. Ihre Großmutter liegt auf der Couch. Sie hat eine Schlafhaube auf dem Kopf und ist bis zum Mund zugedeckt. Sie sieht ganz anders aus als sonst.

„Großmutter, warum hast Du so große Augen?", fragt Rotkäppchen. Die Großmutter antwortet mit fremder Stimme: „Damit ich Dich besser sehen kann, mein Kind." Rotkäppchen geht näher an die Couch heran. Sie spürt, dass etwas nicht in Ordnung ist. Sie hat Angst, ihr wird es ganz warm. *Fühl mal, wie warm es ihr wird!*

„Großmutter, warum ist Deine Nase so groß?"

„Damit ich Dich besser riechen kann, mein Schatzilein, komm doch näher!"

Rotkäppchen geht weiter zur Couch.

„Großmutter, warum hast Du so große Hände?"

„Damit ich Dich besser packen kann, meine Süße. Lass Dich endlich umarmen!"

Rotkäppchen ist jetzt an der Couch angekommen. „Großmutter, warum hast Du so einen großen Mund?"

„Damit ich Dich besser fressen kann, Du dummes Ding!"

Mit einem Riesensprung kommt ihr der böse Wolf entgegen. Er hat das Maul weit geöffnet und will das Kind fressen.

Rotkäppchen schreit aus Leibeskräften um Hilfe. Der Wolf rennt hinter ihr her, Stühle und Tische fallen um. Rotkäppchen fürchtet sich sehr.

Da kommt der Jäger hereingestürmt und ruft: „Was ist hier los? Hau ab, Du böser Wolf, sonst erschieße ich dich mit meinem Gewehr!"

Der Wolf rennt so schnell er kann weg. Rotkäppchen ist gerettet. Gemeinsam suchen sie die Großmutter, die im Wandschrank eingesperrt ist. Sie umarmen sich und sind sehr froh, dass alle wohlauf sind. Sie feiern ihre Rettung mit Kuchen und Wein und danken dem Jäger für ihre Hilfe.

Rotkäppchen ist von dem Abenteuer ganz müde geworden. Sie möchte nur noch ausruhen. „Bleib nur bei mir", sagt die Großmutter, „Du kannst in meinem Bett schlafen."

Rotkäppchen kuschelt sich in das warme und weiche Bettzeug ein. *Es ist herrlich weich, fühl mal, wie weich es ist!* Sie merkt, wie schwer ihre Arme und Beine sind. Schwer und warm, ganz warm. *Stell Dir vor, wie schwer und warm ihre Arme und Beine sind!* Ihr ganzer Körper ist schwer, schwer und müde. Es ist schön, in dem warmen und weichen Bett zu liegen. Auch ihre Augen werden schwer, sie schließt ihre Augen. Bald schläft sie ein und erholt sich. Im Traumland fühlt sie sich ganz geborgen. *Fühl mal, wie geborgen sie sich fühlt!* Vielleicht möchtest auch Du jetzt ins Traumland gehen und vielleicht triffst Du ja dort das Rotkäppchen.

An einem St. Martinsabend

 Der kleine Max nimmt nach dem St. Martinsumzug den obdachlosen Toni mit zu sich nach Hause und erfährt, wie schön es ist, zu teilen.

- Raum abdunkeln
- Kerzen anzünden
- Mit den Kindern über die Martinsgeschichte reden
- Matten, Decken, Kissen bereitstellen

- Kinder spielen im Rollenspiel die Martinsgeschichte nach
- Kinder backen doppelte Weckmänner und teilen sie anschließend
- Über Teilen und Mitgefühl sprechen

Es ist November, die Tage werden kürzer und die Luft wird immer kälter. Im Park blüht fast nichts mehr und auch die Bäume haben ihre bunten Blätter bereits abgeworfen. Die Natur bereitet sich auf den kommenden Winter vor. Die Eichhörnchen haben im Herbst fleißig Nüsse und andere Nahrung gesammelt, damit sie einen großen Wintervorrat haben. Auch die Menschen sind ganz

auf Winter eingestellt. In den Wohnzimmern leuchten abends wieder die Kerzen. Richtig gemütlich ist es in den Häusern.
An solch kalten Novemberabenden freut sich jeder, in eine gut geheizte Wohnung zu kommen. Wie schön ist es dann, am warmen Kaminfeuer zu sitzen. *Stell Dir vor, wie angenehm warm das ist!*
Während sich in Feld und Wald die Tiere aneinander kuscheln, um sich gegenseitig zu wärmen, und die meisten Menschen gemütlich auf der Couch sitzen, gibt es draußen in der Kälte einen Mann, der kein Zuhause hat. Er lebt im Park, weil er obdachlos ist. Wie es dazu kommen konnte, dass er auf der Straße leben muss, weiß er selbst nicht mehr genau. Irgendwann hat er sich mit seinem Leben abgefunden.

Er heißt Anton, doch die Leute, die ihn kennen, nennen ihn kurz Toni. An diesem Abend sitzt Toni auf der Parkbank und friert. Seine Hände und Füße sind taub vor Kälte. Sein Atem sieht aus wie Qualm. Von ferne hört er Musik, die immer näher kommt. Tief in seinem Herzen scheint er die Musik zu kennen. Jetzt fällt es ihm ein, es sind Martinslieder. Toni erinnert sich daran, dass er als kleiner Junge im Martinszug mitgezogen ist. Vorne ritt der St. Martin auf einem stattlichen Pferd. Toni hört wieder die Lieder von früher – „St. Martin, St. Martin, St. Martin ritt durch Schnee und Wind …". Es war sehr schön und zum Schluss bekam jedes Kind eine Tüte voll Leckereien. Ihm wird es ganz warm ums Herz; wie schön waren diese Kindertage.
Der Martinszug ist näher gekommen. Toni sieht am Parkrand Kinder mit Fackeln vorbeiziehen. Sie singen lauthals mit: „Laterne, Laterne, Sonne, Mond und Sterne …"
Wie gerne würde Toni dabei sein. Doch er sitzt frierend auf der Bank und zieht sich seine alte Jacke enger um den Körper. Er träumt von vergangenen Zeiten.
Im Martinszug hält der kleine Max seinen Fackelstock fest umklammert. Die Kürbislaterne hat er im Kindergarten selbst gebastelt. Max ist fünfeinhalb Jahre alt, er lebt mit seinen Eltern in einem

schönen Haus. Seine Mutter hat mit ihm seit Wochen jeden Abend Martinslieder geübt. Jetzt kann er sie alle auswendig mitsingen. Im Kindergarten haben die Erzieherinnen mit den Kindern über die Martinsgeschichte gesprochen. Daher weiß Max, dass der heilige Martin eines Tages bei Schnee und Eis einen armen Bettler traf, dem er seinen halben Mantel schenkte. Dadurch wurde der Bettler gerettet. Martin wird noch heute deswegen verehrt und jedes Jahr erinnern die vielen Martinszüge an die gute Tat. Der Martinszug ist am Feuer angekommen. Max freut sich, so ein großes Feuer hat er noch nie gesehen. Es leuchtet orange, die sprühenden Funken setzen sich vom dunklen Nachthimmel hell ab. Es ist warm, wohlig warm. *Fühl mal, wie angenehm warm es ist!*

Die vielen leuchtenden Fackeln sehen prächtig aus. Am Feuer bleibt St. Martin stehen, er sitzt auf seinem großen Pferd. Sein langer roter Mantel sieht sehr schön aus. Auf dem Kopf trägt er eine große Bischofsmütze. Sein Gesicht ist von einem dichten Bart bedeckt. Im Stroh sitzt ein Bettler. Martin teilt seinen Mantel mit dem Schwert durch und gibt dem armen Mann eine Hälfte ab. Der Bettler bedankt sich, doch Martin reitet schon weiter. Die Kinder ziehen mit ihren Fackeln hinter ihm her. Im Pfarrheim wird er jetzt die Martinstüten und Weckmänner verteilen. Max freut sich sehr darauf. Jetzt sind sie da. Max hält seine Geschenke fest im Arm. Zusammen mit seinen Eltern geht er nach Hause. Sie nehmen eine Abkürzung durch den Park. Gleich kommen sie an der Bank vorbei, auf der Toni frierend sitzt. Max sieht den armen Mann, er tut ihm Leid. Max fragt seine Eltern, warum der Mann bei dieser Kälte draußen sitzt. Sie erklären ihm, dass er wohl ein Obdachloser sei, der keine Wohnung hat und deshalb im Park schläft. Max möchte ihm helfen und sagt: „Ich habe eine gute Idee, wir nehmen ihn mit zu uns und laden ihn zum Weckmannessen ein!" Die Eltern machen kein glückliches Gesicht, doch Max lässt nicht locker: „Wir teilen

mit ihm, so, wie St. Martin es getan hat." Da rennt er auch schon auf die Bank zu.

Toni kann nicht glauben, was er gerade gehört hat. Der kleine Junge lädt ihn zum Weckmannessen ein. Gerne würde er mitgehen, doch das geht einfach nicht. Während er noch nachdenkt, zieht ihn der Junge an der Hand hoch. Toni geht mit ihm, seine Beine laufen einfach los. Der Junge strahlt ihn an. Jetzt erreichen sie ein großes, schönes Haus. Toni geht mit dem Jungen hinein. Im Wohnzimmer brennt der Kaminofen. Es ist wohlig warm, angenehm warm. *Fühl mal, wie wunderbar warm es ist!* Max zieht Toni zum Ofen hin, Toni setzt sich in einen bequemen Sessel. Er fühlt die angenehme Wärme, sie dehnt sich in seinem ganzen Körper aus. Toni lässt ganz los, er findet es wunderschön hier. Inzwischen deckt die Mutter des Jungen den Tisch. Der frische Weckmann duftet verführerisch. *Riech mal, wie gut er duftet.* Dazu trinken sie heißen Tee. Gemeinsam essen und erzählen sie vom Martinsabend und dem schönen Fackelzug. Max' Eltern haben sich daran gewöhnt, dass ein Fremder zu Besuch ist. Sie sind jetzt sogar stolz auf das Mitgefühl ihres Sohnes.

Später sitzt Toni wieder in dem gemütlichen Sessel neben dem warmen Ofen. Er ist ganz ruhig. Seine Arme und Beine sind warm und schwer. *Fühl mal, wie schwer und warm seine Arme und Beine sind!* Sein ganzer Körper ist wohlig warm. Überall breitet sich die wohlige Wärme aus. Seine Augen sind schwer. *Fühl mal, wie schwer seine Augen sind!* Er schließt seine Augen und genießt diesen Zustand. Toni schläft ein. Im Traum wünscht er sich, dass die Zeit einfach stehen bleibt. Er ist glücklich. Auch Max ist glücklich. Jetzt weiß er, wie reich es macht, wenn man etwas teilt!

Tom sucht den geheimen Turm

 Die Geschichte erzählt von einem Jungen, der oft Angst hat und deshalb einen Mut-Mach-Trunk sucht.

- Kinder dürfen von zu Hause Zaubersachen mitbringen (Zauberstab, Zauberkasten etc.); damit wird eine Zauberecke eingerichtet.
- In der Turnhalle wird ein Hindernisparcours aufgebaut, den die Kinder bestehen müssen; sie bekommen zur Belohnung eine Zaubererurkunde.

 Habt Ihr auch schon mal Angst?

 Besonders schwächere und stillere Kinder werden aufgefordert, den Kinderparcours zu bewältigen. Nach erfolgreichem Abschluss wird das Kind gelobt und hervorgehoben. So wird das Selbstbewusstsein der Kinder gestärkt.

Der kleine Tom hat oft Angst und wird deshalb in der Schule immer ausgelacht. Er hat keine Freunde und erst recht gehört er keiner Bande an. Die Jungs haben nur gegrinst, als Tom sie fragte, ob er mitspielen dürfe. Tom ist sehr traurig, weil er sich einsam fühlt. Zum Glück hat er seine Bücher, die immer für ihn da sind. Heute hat er in einem Buch von einem uralten Zauberer gelesen, der für jedes Problem eine Lösung wissen soll. Auf einer Karte ist auch der Weg zu ihm beschrieben. Tom würde so gerne einen Mut-Mach-Trunk bekommen. Er stellt sich vor, wie er einen Schluck davon trinkt und sofort stark und furchtlos wird. Doch wie soll er jemals zu dem Turm gelangen? Tom liest noch einmal den Text durch: „Tief im Wald, noch tiefer als Du Dir vielleicht vorstellen kannst, steht ein Turm. Er ist so hoch, dass man von dem obersten Fenster aus den ganzen Wald überblicken kann. Der Turm ist über und über mit Efeu bewachsen. Viele Vögel nisten darin und ziehen ihre Vogelkinder dort auf. Sicher fragst Du Dich, warum so tief im Wald ein Turm steht und wer dort wohl leben mag? Möchtest Du es gerne wissen? In diesem hohen Turm, im tiefen, tiefen Wald, lebt ein uralter und sehr mächtiger Zauberer. Niemand kennt seinen Namen, denke Dir einfach einen aus. Vielleicht heißt er Gwendolin oder Hopofix oder Archibaldo? Den ganzen Tag kocht er Zaubersäfte und sagt Zauberformeln auf. Er ist sehr klug und weiß gut über die Sorgen und Nöte der Menschen Bescheid. Gerne würde er ihnen mit seiner Magie helfen – aber er kann nicht aus seinem Turm fort und deshalb erreicht er uns nicht. Es gibt jedoch einen geheimen Weg, der von der Menschenwelt zu ihm führt. Wenn auch Du Sorgen und Ängste hast, dann mache Dich auf dem Weg zu ihm. Er kann Dir bestimmt helfen.“

Tom hat ganz aufgeregt den Text gelesen. Ob der Zauberer ihm auch helfen könnte? Er fasst einen Entschluss: er wird den Zauberer suchen! Tom packt schnell ein paar Sachen zusammen: eine Taschenlampe, Wasser, Brote und Schokolade. Für alle Fälle legt er eine Decke, eine

Kerze und Streichhölzer dazu. Jetzt geht er los. Zuerst muss er die „Wand der Welten" finden, die in einer uralten Kirche sein soll. Nach einiger Zeit hat er die Kirche gefunden. Sie ist ziemlich baufällig und riecht modrig. *Riech mal, wie modrig es riecht!* Tom hat die richtige Stelle gefunden und spricht die Zauberworte: „One Mone Mand, weiche fort, Du Wand." Wie von Geisterhand schwebt die Wand zur Seite. Tom sieht einen Tunnel, er geht hinein und sofort schließt sich die Wand wieder hinter ihm. Es ist stockdunkel. Zum Glück hat er die Taschenlampe eingepackt. Im gelben Licht erkennt er einen engen Weg, überall hängen Spinnweben. Es ist sehr gruselig! Tom ist aufgeregt. *Fühl mal, wie aufgeregt er ist!* Tom geht weiter, der Weg wird immer holpriger. Es ist sehr anstrengend und es wird ihm ganz warm. *Fühl mal, wie warm es ist!*

Nach einer Weile erreicht er einen unterirdischen Fluss. Wie soll er da herüberkommen? Tom kann zwar schwimmen – aber in einem Fluss hat er noch nie gebadet. Er hat nur eine Möglichkeit, sein Ziel zu erreichen, er muss schwimmen. Schon will Tom zurückgehen – doch er weiß genau, dass er dann niemals mutig werden kann. Soll er es einfach wagen?

Vorsichtig steckt er seinen dicken Zeh in das Wasser, es ist überraschend warm, angenehm warm. *Fühl mal, wie warm es ist!*

Tom steigt ganz ins Wasser. Er schwimmt und schwimmt, endlich erreicht er das andere Ufer. Das war anstrengend. Seine Arme und Beine fühlen sich schwer und müde an. *Fühl mal, wie schwer und müde seine Arme und Beine sind!*

Erstaunt stellt Tom fest, dass seine Kleider gar nicht nass sind. Es ist eben ein Zauberfluss. Tom sieht den Tunnelausgang, jetzt ist er wieder am Tageslicht. Tom befindet sich in einem dichten, grünen Urwald. Er muss sich durch dicke Pflanzen kämpfen und über große Felsen klettern. Endlich sieht er den Turm. Doch was ist das? Der Turm ist von einem tiefschwarzen Sumpf umringt. Wie soll er durch diesen Sumpf kommen? Tom überlegt, was er tun kann. Dann wagt er es. Er springt und hüpft, hangelt sich an Lianen von Baum zu Baum und landet schließlich sicher genau vor dem Turm. Zu seiner Freude steht die Eingangstüre offen – er geht hinein. Da ist eine Treppe. Tom steigt Stufe um Stufe hinauf, immer höher kommt er, es ist sehr anstrengend. *Fühl mal, wie anstrengend es ist!*

Jetzt ist er oben und sieht dem Zauberer direkt ins Gesicht. Der Zauberer lächelt ihn freundlich an und sagt: „Guten Tag, Tommi, ich warte schon sehr lange auf Dich! Ich freue mich über Deinen Besuch. Schon seit Jahren war kein Mensch mehr bei mir. Erzähle mir von Dir!" Tom erzählt dem Zauberer, weshalb er zu ihm gekommen ist. Sie reden und reden und Tom ist glücklich, weil der Zauberer so nett ist. Tommi fragt ihn nach dem Mut-Mach-Trunk. Da schüttelt der Zauberer den Kopf und antwortet: „Einen Mut-Mach-Trunk brauchst Du doch gar nicht. Was soll er Dir denn bringen? Du hast es bis zu mir geschafft, das wäre ohne Mut gar nicht möglich gewesen. Weißt Du, Tommi, wem es gelingt, zu mir zu kommen, der ist auf jeden Fall sehr, sehr mutig! Mein Junge, Du hast alle Kraft in Dir, die Du im Leben brauchst. Das wissen viele Menschen heute leider nicht mehr. Vertraue Dir selbst und Du wirst immer Deine Kräfte freimachen können. Ruhe Dich eine Weile aus, gehe dann zurück in Deine Welt und lebe Dein Leben."

Tom ist plötzlich sehr müde geworden. Sein Körper fühlt sich ganz schwer an, schwer und müde. *Fühl mal, wie schwer und müde sein Körper ist!* Er legt sich hin und fühlt, wie er immer müder wird. Er schließt seine Augen. Als er sie wieder öffnet, liegt er zu Hause in seinem Bett. Er weiß nicht, wie er dort hingekommen ist – es ist auch gar nicht wichtig. Tief in seinem Herzen weiß er, dass er ein mutiger Junge ist. Die Reise hat sich gelohnt. Er wird eine eigene Bande gründen. Tom schließt die Augen wieder und träumt von den Abenteuern, die er mit seiner Bande erleben wird.

Der Zauberlehrling

 Die Geschichte erzählt von dem kleinen Mirco, der als Zauberlehrling in eine geheime Schule für Zauberer aufgenommen wird.

- Eine Zauberhöhle aus Decken und Kissen bauen
- Kerzen anzünden
- Verschiedene Utensilien für die Zauberei bereitstellen, mit denen die Kinder im Anschluss an die Geschichte experimentieren können

- Besuch einer Zaubervorstellung
- Zauberer in den Kindergarten einladen
- Eine eigene Zaubervorstellung mit den Kindern einüben

Hast du schon einmal einen Zauberer gesehen? Ich meine einen echten Zauberer. Nicht so einen, der Kaninchen aus seinem Hut zieht, die er vorher heimlich dort hineingesteckt hat. Nein, ich meine, wirkliche Zauberer. Sie sehen nicht auffällig aus und möchten auch nicht erkannt werden. Echte Zauberer werden berufen. Sie wachsen als normale Kinder auf, und wissen eines Tages, dass sie etwas Besonderes sind. So ergeht es auch dem kleinen Mirco. Eines Nachts liegt er in seinem Bett.

Plötzlich hört er eine Stimme: „Mirco, wache auf, folge mir, ich bringe Dich an einen geheimen Ort." Mirco öffnet die Augen. Er blickt direkt in ein fremdes Gesicht. Ein uralter Mann, der einen langen Bart und eine Nickelbrille trägt, schaut ihn an und sagt: „Es ist alles in Ordnung, Mirco. Du bist ein Auserwählter, ich soll Dich zur Zauberschule bringen. Es wird Dir nichts geschehen. Komm, es eilt!" Mirco reibt sich die Augen. Träumt er oder ist es Wirklichkeit? Wie von Geisterhand hebt sich seine Bettdecke.

Eine unbekannte Kraft zieht ihn hoch, Mirco muss einfach aufstehen. Ein tiefgelber Lichtstrahl scheint durch das Fenster in sein Zimmer hinein. Der alte Mann nimmt Mirco an die Hand und geht auf den Strahl zu. Sobald sie das Licht berühren, werden sie hineingezogen, es ist unglaublich. Mirko weiß nicht, was mit ihm passiert. Blitzschnell saugt der Lichtstrahl ihn auf, es ist ganz warm. *Fühl mal, wie warm es ist!*

Nach kurzer Zeit landen sie sanft in einem Hof, der zu einem sehr alten Gebäude gehört. Es scheint eine Burg oder etwas Ähnliches zu sein. Der alte Zauberer sieht ihn weise an und sagt: „Willkommen auf Schloss Zweistein. Du bist hier in einer geheimen Schule für Zauberlehrlinge. Du wurdest schon vor Deiner Geburt auserwählt. Jetzt ist die Zeit gekommen, Dich in die Zauberkünste einzuweihen. Ab heute bist Du mein Zauberlehrling. Du kannst hier sehr viel lernen. Bist Du bereit?"

Mirco weiß nicht, was ihm geschieht. Er soll ein auserwählter Zauberlehrling sein? Noch, bevor Mirco antworten kann, öffnet sich vor ihm eine Wand. Der alte Zauberer schiebt ihn in einen Klassenraum, in dem mindestens 20 Jungen und Mädchen sitzen. Neugierig beobachten sie den Neuankömmling. Ein junger Mann, Dr. Gnadenlos, unterrichtet die Klasse in Besentanz. Mit Leichtigkeit lässt er einen Reisigbesen durch den Klassenraum fegen. Ganz von alleine bewegt sich der Besen hin und her, hin und her. *Fühl mal, wie leicht er sich bewegt!*

Die Schüler versuchen, es mit ihren Besen ebenso zu machen. Auch Mirco bekommt einen Besen zugeteilt. Stundenlang übt er mit seinen Klassenkameraden ein, was der Lehrer ihnen vormacht. Jetzt sollen sie auf den Besen reiten. Mirco sitzt locker oben auf dem Besenstiel. *Fühl mal, wie locker er ist!* Er ist begeistert von der fremden Welt, die er hier gefunden hat. Nach ersten Schwierigkeiten hat er sich prima eingelebt. Die Zauberworte erklingen aus seinem Mund: „Du sollst Dich jetzt erheben und schweben, schweben, schweben!" Da erhebt sich Mirco samt Besen in die Lüfte. Mit rasantem Tempo fliegt er durch den Raum, zur Tür hinaus, ins Freie bis hoch in den Himmel. Der Wind weht ihm ins Gesicht, es ist ein schönes Gefühl. *Fühl mal, wie sanft der Wind weht!*

Vorbei geht der Flug an Baumkronen und Häusern, hoch und runter fliegen sie, immer schneller. Mirco weiß nicht, wie er den Besen bremsen soll. Er kennt den Zauberspruch hierfür nicht. Was soll er nur tun? Ihm wird es ganz warm. *Fühl mal, wie warm es ihm ist!* Seine Arme werden immer schwerer, schwer und müde werden sie. Der Besen fliegt schneller, Mirco kann sich kaum noch halten.

Da taucht neben ihm plötzlich der Zaubermeister auf. Er murmelt wütend ein paar Worte in seinen Bart, worauf der Besen langsamer wird und schließlich anhält. Sanft landet Mirco wieder im Klassenraum.

„Du musst noch viel lernen, Mirco. Aber für den Anfang hast Du Dich tapfer gehalten. Komm in der nächsten Nacht wieder her, der Lichtstrahl bringt Dich zu uns!"

Mirco ist ganz müde geworden. Er möchte nur noch in seinem weichen Bett liegen und ausruhen. Seine Arme und Beine sind schwer, angenehm schwer. *Fühl mal, wie schwer sie sind!* Er schließt seine Augen und findet sich in seinem Zimmer wieder. Sein Bett ist warm, wohlig warm. Mirco legt sich hinein und schläft friedlich ein. Im Traum ist er ein perfekter, weiser, genialer Zauberer. Doch bis dahin ist es noch ein langer Weg!